编译文库

语言学

张蕾 著

天津市哲学社会科学规划重点委托项目

政治话语中的隐喻翻译策略和接受度研究

The Research on Translation Strategies and
Acceptability of Metaphors in Political Discourse

图书在版编目 (CIP) 数据

政治话语中的隐喻翻译策略和接受度研究 / 张蕾著
. —北京：中央编译出版社，2024.6
ISBN 978-7-5117-4772-3

I.①政… II.①张… III.①政治—话语语言学—研究—中国②英语—隐喻—翻译—研究 IV.① D6 ② H315

中国国家版本馆 CIP 数据核字（2024）第 103190 号

政治话语中的隐喻翻译策略和接受度研究

责任编辑	翟　桐
责任印制	李　颖
出版发行	中央编译出版社
网　　址	www.cctpcm.com
地　　址	北京市海淀区北四环西路 69 号（100080）
电　　话	（010）55627391（总编室）　（010）55627302（编辑室）
	（010）55627320（发行部）　（010）55627377（新技术部）
经　　销	全国新华书店
印　　刷	佳兴达印刷（天津）有限公司
开　　本	710 毫米 × 1000 毫米　1/16
字　　数	172 千字
印　　张	14.75
版　　次	2024 年 6 月第 1 版
印　　次	2024 年 6 月第 1 次印刷
定　　价	98.00 元

新浪微博：@ 中央编译出版社　　微　信：中央编译出版社（ID：cctphome）
淘宝店铺：中央编译出版社直销店（http://shop108367160.taobao.com）（010）55627331
本社常年法律顾问：北京市吴栾赵阎律师事务所律师　　闫军　　梁勤
凡有印装质量问题，本社负责调换，电话：（010）55627320

序

张蕾的专著《政治话语中的隐喻翻译策略和接受度研究》即将问世，我为之感到无比的高兴。该书是将认知语言学的经典理论运用到翻译领域的实证研究，具有开创性。因此，当她邀请我作序时，我欣然答应下来。

隐喻是认知语言学研究的核心，自20世纪70年代以来，学界掀起来隐喻研究的热潮，取得了丰硕的成果。尤其是自Ortony主编的 *Metaphor and Thought*（《隐喻与思维》，1979）以及Lakoff和Johnson的 *Metaphors We Live By*（《我们赖以生存的隐喻》，1980）面世以来，更是出现了"隐喻革命"（metaphorical revolution）或"隐喻转向"（metaphorical turn）之说，隐喻甚至成为了一门独立的学科"隐喻科学"（science of metaphor）或"隐喻学"（metaphorics 或 metaphorology），其理论研究和实践探索至今也未停止过。

我对隐喻的认知研究始于上个世纪末，当时正在北京师范大学外文系求学，我阅读了有关认知语言学的大量文献，后来回到原工作单位西南师范大学，并于2001年为研究生开设了认知语言学课程，期间与我的研究生合作撰写了有关隐喻研究方面的论文，如《概念隐喻的系统性和连贯性》《隐喻·语境·文化——兼论情感隐喻"人比黄花瘦"》等，先后发表在《外语学刊》和《外语与外语教学》等期刊上。这些文章探讨了隐喻的系统性及连贯性对语言现象的独特解释力，揭示了隐喻使用与理解的语用、语境与文化因素。2007年至2008年，我有幸在加州大学伯克利分校访问学习，从G. Lakoff教授那里获得了很多有关隐喻研究的灵感和心得体会，对隐喻的本质属性和应用价值有了更加深入的认识，开始思考隐喻的跨语言和跨文化研究，以及隐喻理论的应用研究，特别是在翻译中的应用研究。

翻译是一项复杂、多维的人类认知活动，与语言有着密切的关系，成为语言学的一个研究范畴。语言学领域内语文学—传统语法—历史比较语言学—结构语言学—生成语言学—认知语言学范式的嬗变，也对翻译研究路径产生了影响，使翻译从规定和描写走向解释，不仅关注怎样翻译，翻译实际是什么样子，同时揭示为什么要那样翻译。近年来，认知翻译学研究成为一个新的研究范式，已经发展成为一个研究领域较为庞大的跨学科研究体系，涵盖了语言认知视角的翻译研究，翻译认知过程研究和社会认知视角的翻译研究等三大领域。其中，语言认知翻译研究对认知翻译学的理论构建和理论阐释起到了非常重要的作用。我和我的团队从2012年起关注这一领域的发展，先后撰写了《翻译认知过程研究的新进展》《认知翻译学：翻译研究的新范式》《翻译的范畴转换及其认知阐释》等学术论文，发表在《英语研究》和《中国翻译》上；专著《认知翻译学》于2019年6月由北京大学出版社出版，从语言的认知理论出发，对翻译涉及的语义、语法、转换机制等问题进行了分析，涉及语言认知的不同侧面，语言认知理论对翻译现象背后认知机制的阐释，以及翻译转换的认知规律。其中，第三章专门在认知语言学的框架下探讨了隐喻与翻译的关系，阐释了概念隐喻理论对翻译理论与实践的指导意义。

序

　　张蕾的专著属于认知翻译学领域的一项实证研究成果。该书从概念隐喻视角下的语言、认知、交际三个维度，探讨了中国新时代政治话语中隐喻翻译策略和接受度。研究通过描述原著及其译著中使用的隐喻，归纳出了译者采纳的中立、异化和归化等翻译策略，揭示了不同翻译策略使用何种具体的翻译方法实现认知对等，使译著隐喻准确传达原著喻义，同时还为原著政治思想阐述提供理据，丰富构建的概念场景，添加正面评价意义，从而加强论述的生动性和力度，或削弱原著对目的文化政策的负面评价，提高目的语读者的认同感。同时，该研究通过目的语大型语料库的搜索、搭配词与同现行功能，揭示译文在目的语中被用做隐喻表达的频率、译文隐喻经常出现的语境、所在的话语类型以及蕴含的评价意义，较客观地说明译文在译文读者中的接受程度。

　　基于多年从语篇视角对隐喻的研究，张蕾对特殊体裁中隐喻的跨语言转换的认知阐释和交际功能做了深入探讨。这一实证研究不但拓展了认知翻译学的研究对象和研究范围，而且对该领域的理论构建以及翻译认知模型的建立提供了有益的支持。

　　撰写这本著作，张蕾克服了很多困难。隐喻翻译的实证研究中语料分析是极富挑战性的工作，因为隐喻的识别需要遵循严格的标准，否则就会影响研究的信度和效度。将识别后的隐喻逐一归类，并在原著与译著之间对比归纳出不同的翻译策略和具体的翻译方法也是一件苦差事。要出色地完成这些任务不但需要研究者的细心和耐心，更需要毅力。值得庆幸的是，她"痛并快乐着"，克服了一个个困难，圆满地完成了研究任务。这一方面得益于她扎实的学术功底，另一方面也得益于她勤奋好学和勇于探索的精神。该书的出版是翻译界的一件喜事，我相信它一定会得到同行专家的认可和青睐。

最后，我想说的是，学术研究犹如一座看不到顶峰的大山，一辈子是爬不到顶峰的。希望张蕾在未来的学术研究道路上，百尺竿头，更上一层楼，取得更多辉煌的成绩，"不畏浮云遮望眼，自缘身在最高层"！

是为序。

文旭

2024 年 2 月

前　言

隐喻在政治话语中普遍存在。作为一种语言修辞，它可以增加政治话语的文采与感染力。隐喻也是一种思维认知方式，通过它，政治家用共享文化中熟悉的事物即意象去表征抽象的政治理念与现象。人们熟悉的事物所蕴含的特征与情感因素被投射到政治家所传递的政治理念与思想中。因此，政治家能够在与受众互动中传达自身的政治观点与理念，同时获得受众的认可，影响他们对政治事物的认知。政治家对隐喻的驾驭，反映了隐喻的语言、认知与交际的三大维度。

隐喻翻译研究始于对隐喻可译性的讨论。学者最初相继从修辞学视角和成分分析法视角提出克服隐喻翻译难点的诸多理论、方法与规范。后来的语篇分析、语用学与文化视角的研究弥补了前两个视角孤立看待隐喻而忽略语境的缺陷，强调交际目的的重要性，指出跨语言隐喻翻译与语言所处的社会文化息息相关，隐喻翻译必须考虑不同的文化认知。随着认知隐喻研究的兴起，学者们更多地提倡认知译法，探求翻译过程中符合两种概念系统间的对等关系。在实践方面，国外研究主要集中在文学作品的隐喻翻译策略，同时探讨了非文学语类范畴中的译者身份和女权主义，但鲜有涉及政治话语中的隐喻翻译以及它对政治家身份构建以及政治理念传播的推动作用。国内隐喻翻译研究还处在起步阶段，包括对外国理论的引介、

政治话语中的隐喻翻译策略和接受度研究

评论与思考，系统的实证研究同样集中在经典文学作品中的隐喻翻译研究。在为数不多的对政治话语隐喻翻译的研究中，学者强调了具体语境和译文读者的认知能力对翻译策略选择的影响，指出在功能翻译理论视角下隐喻保留、隐喻替代、隐喻删除和隐喻变异等方法的运用。国内有学者开始关注新时代政治隐喻的使用现象，但还缺乏对其英语翻译策略的系统研究。

本书尝试从认知隐喻视角研究中国新时代话语的隐喻翻译策略和方法。隐喻作为一种有效的话语策略在《习近平谈治国理政（第一卷）》原著与译著中被大量使用，包括常规隐喻，也包括蕴含中国文化意境的各种新奇隐喻和互文隐喻。本书从语言、认知、交际等三个维度探讨隐喻翻译策略在政治话语对外传播中的功能，通过描述原著及其译著中使用的隐喻，归纳出译者采纳的翻译策略和方法，揭示原著隐喻与译著隐喻是否存在对等，这种对等属于异化翻译策略还是归化翻译策略，体现在语言层面还是认知层面，认知层面的对等是否反映了隐喻体验哲学的普遍性，是否能够反映政治领域不同文化的认同，如果采纳的翻译策略使原著隐喻与译著隐喻存在不对等关系，这种不对等关系产生的原因来自语言层面还是认知层面。同时，研究关注译文在受众中的接受程度。通过目的语大型语料库的搜索功能，揭示译文在目的语中出现的频率，间接说明译文在译文读者中的接受程度。同时语料库中的搭配词与同现行功能也会展现译文被用做隐喻表达的频率，译文隐喻经常出现的语境、所在的话语类型、蕴含的评价意义，揭示它们是否表达与原著隐喻相同的喻义。

本书的主体部分由以下十章组成：第一章"绪论"简要介绍了本书的研究对象、研究背景、研究目的、研究意义以及结构；第二

前　言

章"相关研究回顾"对相关研究进行简单回顾，涉及政治话语的翻译、隐喻的跨语言研究以及隐喻的翻译研究，并基于已有文献明确本书研究的出发点、基本视角与路径；第三章"理论基础"梳理了为本书提供充分理据的认知隐喻理论和阐释翻译实践的翻译理论，包括隐喻的认知本性，隐喻的具身性、系统性、主观性、复杂性、创造性等特征及它的三维视角研究，还涉及异化与归化翻译策略、目的论、读者接受论和认知对等等翻译理论；第四章"研究方法"介绍了所研究译文的翻译过程和它所遵循的翻译原则，陈述了本书的研究过程并描述具体的研究方法和使用的工具；第五章至第八章是本书的核心，主要运用前面介绍的理论和研究方法对中文原著和英文译著中的隐喻进行描述、归纳与对比，揭示所使用的翻译策略和译文在目标文化中的接受度；第九章和第十章分别归纳了本研究的发现，主要涉及三种翻译策略以及具体的翻译方法，不同策略的认知效果、接受度和交际功能。第十章指出本书研究成果会在"译者的隐喻认知能力"、"译者的政治敏感度"和"译者的忠诚度"等三个方面为相关政治隐喻翻译实践提供有益的借鉴，对后续研究做了思考。

　　本书有关政治话语中隐喻的翻译研究属于符号学视角而非翻译行为研究。研究结果表明《习近平谈治国理政（第一卷）》中隐喻的汉译英翻译采用了异化、归化和等化翻译策略。等化策略涉及规约程度不同的各类隐喻，在跨域映射的认知层面和语言表达层面同时实现一致。异化策略的翻译方法比较单一，即字面直译，涉及的隐喻规约性也较强，而归化策略的翻译方法比较多样，包括删除隐喻、产生对等隐喻、变异隐喻和新增隐喻等四种方法。每种方法都包括规约程度不一的隐喻表达。多数情况下译者选择了等化和归化

政治话语中的隐喻翻译策略和接受度研究

翻译策略而不是异化翻译策略,这主要是由于译文读者群不再局限于熟悉中国文化的中国问题研究专家,而包括了对中国文化感到陌生的普通外国读者。同时研究表明,相同隐喻表达在不同语境中采纳了不同的翻译策略。这些都显示隐喻的翻译关键在认知层面而不是语言层面。为了实现认知对等,异化翻译策略需要考虑如何提高原有隐喻独特的文化性在译著读者中的接受程度,而归化翻译策略需考虑如何最大程度准确地传达原著的语义,实现原著的交际功能。异化策略保持了原著隐喻的文化特色,译者通过将隐喻变为明喻,将浓缩的成语和诗句中的目标域和喻义显化,激活译著读者已有的认知构架,丰富他们对中国文化认知的空白,从而完整地理解原著隐喻传达的喻义,提高他们对译著的接受度。归化策略下的翻译方法如果无法实现宏观上与原著一致的源域,就使用隐喻性或非隐喻性表达实现相同的语义、喻义或其引申义,细致描述目标事物,凸显目标事物特征,以此实现认知对等。认知对等使译著隐喻准确传达了原著喻义,同时还为原著政治思想阐述提供理据,丰富构建的概念场景,添加正面评价意义,从而加强论述的生动性和力度,提高读者的认同感。另外,适当的隐喻翻译削弱了原著对目的语政策的负面评价,减弱了批判语气,提高了译文读者的接受度。

本书的研究意义体现在以下两个方面:理论上,研究成果能促进翻译学与认知语言学的交叉研究并拓宽各自的研究领域;研究强调隐喻翻译对政论文对外传播效果的推动作用,考察隐喻翻译在社会文化语境下的认知过程,能提高隐喻翻译研究的深度和广度;研究中央文献政治话语的外译工作,有助于挖掘具有中国特色的话语体系,推动其对外传播的过程,能加强新时代中国特色话语体系研究。应用方面,本书的研究内容会揭示中央文献英译特点、原则和

前　言

策略及其总体倾向，为中央文献英译提供理论研究与实际操作的借鉴。其结论能凸显汉英两种语言背后的文化差异，为揭示双方治国理政与全球治理观念方面的差异提供新途径，为相关领域研究提供新视角，为政治语言学、国际问题研究等领域的理论与实践提供有益的补充。最后，研究成果会加深我们对政治话语翻译交际功能以及语言结构特征的理解，对相关教学活动会有启示。

本书是天津市社科重点委托项目"习近平新时代中国特色社会主义思想外译与传播研究"的研究成果之一。非常感谢中央党史和文献研究院、天津市社科规划办和天津外国语大学中央文献翻译基地提供的平台，使我有机会将多年从话语分析视角下对隐喻的研究思考应用到政治话语翻译领域。希望本书的出版不仅能够推进中央党史和文献研究院与天津外国语大学的深度合作，为天津哲学社会科学发展贡献力量，同时也能拓宽自身的研究空间和视角。同时，本书的出版也得益于天津外国语大学与国家留学基金委合作的为期半年的青年骨干教师研修项目，半年的学术假期让我能静心阅读文献、分析语料、撰写书稿。

同时，我也要感谢在学术求索之路上结识的各位老师。首先，我要衷心地感谢在山东大学攻读博士学位时的导师苗兴伟教授。导师严谨踏实的治学精神、深刻敏锐的学术眼光，还有他宽容待人的人文情怀，让我终生难忘。毕业之后，导师也一直激励我从事自己感兴趣的研究，是我在学术之路上前行的动力。其次，我要感谢认知翻译领域的专家文旭教授和谭业升教授。他们的著作和论文给了我很多启发，让我备受鼓舞。也要感谢我的研究生们在文件整理等技术方面提供的帮助。

最后我要特别感谢我的家人。没有他们的爱、理解和支持，本书的出版是不可能的。

  限于本人的研究水平，书中出现诸多纰漏和不妥之处，敬请各位前辈、学界同仁批评指正。

张蕾

2024 年 1 月

于天津外国语大学

目 录

第一章 绪论..001
  一、政治话语中的隐喻..................................001
  二、研究内容..002
  三、研究意义..003

第二章 相关研究回顾..006
  一、政治话语与翻译....................................006
  二、隐喻的跨语言研究..................................010
  三、隐喻翻译研究......................................016
    1. 传统视角的隐喻翻译研究..........................016
    2. 认知视角下的隐喻翻译研究........................020
  四、小结..024

第三章 理论基础..026
  一、隐喻研究..026
    1. 隐喻的认知研究..................................027
    2. 隐喻的三维研究..................................039
  二、翻译研究..042
    1. 异化与归化......................................042
    2. 目的论与读者接受论..............................045
    3. 认知对等..047
  三、小结..051

第四章　研究方法 052
一、译本的翻译性质和原则 052
二、研究过程 054
    1. 隐喻的识别 055
    2. 翻译方法的描述 057
    3. 翻译策略的阐释 058
三、研究方法 059
    1. 隐喻识别方法 059
    2. 隐喻的类型 061
四、基于语料库的翻译接受度研究 063

第五章　对等隐喻 066
一、引言 066
二、对等翻译的方法和策略 066
三、"行程"隐喻的对等翻译 072
    1. 常规"行程"隐喻的对等翻译 074
    2. 新奇"行程"隐喻的对等翻译 095
    3. 互文"行程"隐喻的对等翻译 103
四、小结 108

第六章　隐喻变异 111
一、引言 111
二、"行程"隐喻的变异 112
三、"建筑"隐喻的变异 117
四、"战争"隐喻的变异 118
五、"自然现象"隐喻的变异 121

  六、"艺术"隐喻的变异 125

  七、其他隐喻变异 126

  八、小结 129

第七章 隐喻删除 131

  一、引言 131

  二、词汇化隐喻的删除 131

  三、成语隐喻的删除 141

  四、新奇隐喻的删除 148

  五、小结 154

第八章 新增隐喻 156

  一、引言 156

  二、新增"行程"隐喻 156

  三、新增"建筑"隐喻 161

  四、新增"战争"隐喻 164

  五、新增"生物体"隐喻 165

  六、新增其他隐喻 169

  七、小结 171

第九章 结论 175

  一、引言 175

  二、翻译策略的多样性 175

    1. 等化翻译策略 176

    2. 归化翻译策略 178

    3. 异化翻译策略 183

三、异化策略与归化策略的认知对等 184
　　　　1. 异化策略如何实现认知对等 184
　　　　2. 归化策略如何实现认知对等 185
　　四、异化策略与归化策略的交际功能 187
　　五、隐喻翻译的接受度 190
　　六、小结 191

第十章　研究启示 192
　　一、引言 192
　　二、译者的隐喻认知能力 193
　　三、译者的敏感度 194
　　四、译者的忠诚度 196
　　五、隐喻翻译策略的选择 197
　　六、小结 199

参考书目 201

第一章 绪论

一、政治话语中的隐喻

作为一种思维认知方式和语言表达手段,隐喻普遍存在于人类语言、思维和各类语篇当中,并作为无意识认知系统的一部分,左右着人类的意识活动(Maalej 2007:134-137),成为透视语言背后概念框架的有效途径。同时隐喻所涉及的不同概念域之间的映射以及隐含意义是社会成员共有的一种文化知识,体现了他们共同认可的标准和价值观(van Dijk 2002;张蕾 2000)。作为社会成员共享的社会背景知识,隐喻会潜移默化为一种常识。对它的使用和理解往往是无意识的,其背后隐藏的意识形态不易被人觉察。因此隐喻成为话语这种社会活动中一种比较隐蔽的表征和强化现存社会结构的认知和语言手段。

隐喻在政治话语中普遍存在(Lakoff 1996;Schäffner 1999;Charteris-Black 2004:70;Musolff 2004),它不仅仅是一种语言修辞,增加话语的文采与感染力,同时也是一种认知方式,帮助政治家用共享文化中熟悉的事物即意象去表征抽象的政治理念与现象,将熟悉事物蕴含的特征与情感因素投射到政治家坚持的政治理念与思想,在与受众互动中传达他们的政治观点与理念,同时获得受众的认可,影响他们对政治事物的认知。政治家对隐喻的驾驭，反映了隐喻的语言、认知与交际的三大维度（Steen 2008，2017）。

二、研究内容

如何将汉语政治话语中的隐喻准确有效地传达给译文受众，是外宣工作一个不可忽略的论题。本书从认知隐喻视角研究中国新时代政治话语的隐喻翻译策略和方法。分析的对象是《习近平谈治国理政（第一卷）》的中文与英文版本，共有讲话、谈话、演讲、答问、批示、贺信等不同文体共79篇。其中，隐喻作为一种有效的话语策略被大量使用，包括"行程"、"生物体"、"战争"等常规隐喻，也包括蕴含中国文化意境的各种新奇隐喻和互文隐喻。研究基于认知隐喻三维模式，从语言、认知、交际三个维度探讨隐喻翻译策略在政治话语对外译介传播中的功能。

研究通过描述原著及其译著中使用的隐喻，归纳出译者采纳的翻译策略和方法。研究关注原著隐喻与译著隐喻是否对等，这种对等属于异化翻译策略还是归化翻译策略，体现在语言层面还是认知层面，认知层面的对等是否反映了隐喻体验哲学的普遍性，是否能够反映政治领域不同文化的认同，如果采纳的翻译策略使原著隐喻与译著隐喻存在不对等关系，这种不对等关系产生的原因来自语言层面还是认知层面。研究还关注原著隐喻与译著隐喻选择不同源域表征相同政治事物，以及用非隐喻表达代替原著隐喻（消除隐喻）、原著隐喻被细化或概化、译文中新增隐喻等翻译方法。

本书政治话语中隐喻的翻译研究属于符号学视角而非翻译行为研究。研究基于语言资源归纳出概念隐喻，推断出触发的认知框架，揭示这些差异能否反映中外不同的政治理念,反映双方文化差异,探讨译者在有效完成交际目的,准确传达中国领导人政治观点与理念的同时,如何选择兼顾认知差异的翻译策略和方法。

同时,研究关注译者采用翻译策略产生的译文在受众中的接受程度。通过目的语大型语料库的搜索功能,揭示译文在目的语中出现的频率,间接说明译文在译文读者中的接受程度。同时语料库中的搭配词与同现行功能也会展现译文被用做隐喻表达的频率,译文隐喻经常出现的语境、所在的话语类型、蕴含的评价意义,揭示它们是否表达与原著隐喻相同的喻义。

三、研究意义

国外不少学者指出隐喻在翻译研究中的重大意义,围绕隐喻的可译性进行讨论,提出克服隐喻翻译难点的诸多理论、方法与规范。最初学者从修辞学视角,基于隐喻分类提出相应的翻译方法与步骤。分类法涵盖范围越来越广泛,但是不同类型隐喻之间界限模糊,让译者在翻译步骤上难以做出选择(Dagut 1976;Broeck 1981;Newmark 1988),后来的成分分析法(Al-zoubi 2009)虽然利于进行等效翻译,但同修辞学视角一样孤立地看待隐喻,而忽略了语境的作用。语篇分析、语用学与文化视角的隐喻翻译研究(如Dobrzyfiska 1995;Buchowski 1996;Deacon 2012)弥补了这一缺陷,强调隐喻在语篇中的融入程度,考虑交际目的,指出跨语言隐喻翻译与语言所处的社会文化息息相关,强调译者必须考虑不同的文化认知。随着认知隐喻学的兴起,学者们更多地提倡认知译法(Schäffner 2004, 2011;Schäffner & Shuttleworth 2013),认为隐喻翻译不再仅是寻找不同语言间的对等关系，而是探求符合两种概念系统间的对等关系。在实践方面，国外研究主要集中在文学作品的隐喻翻译策略，在非文学语类范畴，涉及新闻语类、教育语类、科技语类等，也探讨了译者身份、女权主义等主题，但鲜有涉及政治话语中的隐喻翻译以及它对政治家身份构建以及政治理念传播的推动作用。

国内隐喻翻译研究还处在起步阶段，包括对外国理论的引介、评论与思考（袁洪庚 2005；滕延江，张晓梅 2006；王天翼，王寅 2018；胡壮麟 2019）。系统的实证研究主要集中在经典文学作品中隐喻翻译的方法与原则。有少数研究关注到政治话语中隐喻翻译的重要作用，如隐喻性科技词汇在《毛泽东选集》英译本中的使用（潘卫民，张娇 2016），以及奥巴马就职演讲中隐喻的各种翻译策略（王玲 2018）。学者同样强调了具体语境和译文读者的认知能力对翻译策略选择的影响，指出在功能翻译理论视角下隐喻保留、隐喻替代、隐喻删除和隐喻变异等方法的运用。国内有学者关注中国新时代政治话语中隐喻的使用现象（如文秋芳 2017；汪少华，张薇 2017），有不少学者分析此类话语特征及其英语翻译策略（如窦卫霖，温建平 2015；陈风华，董成见 2017），少数学者采用跨学科的视角，基于"政治等效"原则探究新时代外交话语中隐喻的翻译策略（杨明星，赵玉倩 2020；任东升，季秀妹 2021；赵玉倩，杨明星 2022）；结合国际关系情感分析研究外交隐喻的情感传递（杨倩，刘法公 2023）；在国家翻译实践论视角下揭示国家话语隐喻翻译能力以服务国家利益为出发点和落脚点，具有鲜明的国家属性，既是国家话语能力的体现，也是一种重要的话语传播方式（孙毅，周恬恬 2024）。但研究中国国家领导人政治话语隐喻英译的较少。现有研究

第一章　绪论

包括基于和谐论探讨如何在翻译过程中兼顾审美性、整体性与辩证统一性（张羽 2016），基于哲学体验观对以原语体验为导向的翻译策略的正面评价（曹灵美，王宏 2017），基于认知翻译学与评价理论探讨实现隐喻翻译有效性的翻译策略（侯奕君 2021），以及对中国国家领导人话语中特定隐喻的翻译观思考（肖坤学 2013）。

理论方面，现有研究对认知语言学领域隐喻的前沿研究关注不够，翻译策略阐释中隐喻的认知与语用交际功能的结合度不够深入。在实践上，对政治话语隐喻英译翻译的关注度不够深入与全面；对中国国家领导人话语隐喻英译翻译的研究只存在于零散的个案研究中，还缺少翻译接受度的研究。这些不足都为本书的研究提供了可深入的研究空间。

综上所述，从隐喻的三维模式探讨政治话语中的隐喻翻译策略以及接受度具有一定的理论意义与应用价值。理论上，研究成果能促进翻译学与认知语言学的交叉研究并拓宽各自的研究领域；研究强调隐喻翻译对政论文对外传播效果的推动作用，考察隐喻翻译在社会文化语境下的认知过程，能提高隐喻翻译研究的深度和广度；研究中国主流政论文的外译工作，有助于挖掘具有中国特色的话语体系，推动其对外传播的过程，能促进新时代中国特色话语体系研究。

应用方面，本书的研究内容会揭示中央文献英译特点、原则和策略及其总体倾向，为中央文献英译提供理论研究与实际操作的借鉴。其结论能凸显汉英两种语言背后的文化差异，为揭示中外治国理政与全球治理观念方面的差异提供新途径，为相关领域研究提供新视角，为政治语言学、国际问题研究等领域的理论与实践提供有益的补充。最后，研究成果会加深我们对政治话语翻译交际功能以及语言结构特征的理解，对相关教学活动会有启示。

第二章 相关研究回顾

本书是关于政治话语隐喻的翻译研究，涉及汉语和英语两种语言和两种差异较大的文化。本章将对相关研究进行简单回顾，包括政治话语的翻译、隐喻的跨语言研究以及隐喻的翻译研究，明确本书研究的出发点、基本视角与路径。

一、政治话语与翻译

正如我们所知，政治与语言息息相关，没有语言，我们无法描述政治人物及事件，政治将不存在（Chilton & Schäffner 2002: 206; Ornatowski 2012: 7）。但令人费解的是，尽管对翻译研究领域的兴趣日益增长，迄今人们对政治和翻译的一些关键方面仍知之甚少。Schäffner（1997: 206）指出可以从三个领域开展政治话语的翻译研究。首先我们可以关注国家政府关于翻译实践的政策和对翻译程序的规定。政治与不同领域的翻译之间存在着多重联系，虽然翻译在政治领域通常是隐性的，但实际上它是政治活动中不可或缺的一部分。翻译在外交和国际事务决策方面往往起到非常重要的作用。它是双边和多边协议的产物，也常常由国事访问期间发表的演讲生成，通过媒体和其他机构得以传播。国内政治上的决策也会影响翻译文本在双语或多语国家的使用，在单语国家还会影响其政策在少数族

第二章　相关研究回顾

裔和移民中的传达（Koskinen 2000）。大量的翻译活动是由政治决策者以某种方式进行有效监管的。决策者依据公开和隐蔽的政策与程序，来决定翻译哪些话语，翻译成哪种语言及其翻译的动因。

其次，由于政治、翻译与媒体之间存在着直接但通常无形的联系，政治话语的翻译研究还涉及政治，媒体和翻译实践之间复杂的相互作用（Schäffner 2005；Bielsa & Bassnett 2009；Schäffner & Bassnett 2010）。因此我们还需要对不同媒体就相同文本产生的不同译本进行对比分析，挖掘它们之间的差异，这些差异会揭示政治冲突中不同媒体对同一政治事件的不同解读。

需要我们研究的第三个也是最后一个领域是对翻译的政治话语进行直接分析，探究跨越语言、文化和意识形态界限实现重新语境化的复杂过程中发生的变化。本书对《习近平谈治国理政（第一卷）》话语中的隐喻英译进行研究，就是要通过译本与原著隐喻的对比分析，在一定程度上揭示汉语政治话语英译过程中需要跨越文化、语言和认知界限时发生了哪些变异。

个人政治话语是某种社会环境中个人发展的结果，受到教育经历、家庭环境、社会圈子、所属政党以及经济地位的影响（Zheng 2000）。话语中涉及个人经历与感悟，同时也涉及相关国家、区域和国际性的历史性事件。因此，对领导人话语翻译进行研究应该对其话语的个人、历史、社会、政治等维度都有全面的了解。

此外，政治话语就像所有其他类型的话语一样是一种社会互动过程，是"相关行为人根据社会文化习俗在社会语境下共同构建意义的过程"（Johansson 2006：217）。本书分析的政治话语都是在特定政治背景下产出的。有的是面向中国公民或国内特定群体，有的是针对更广泛的国际受众。这些语境元素是交际语境的主观定义，为受众体验和解释相关政治话语提供了一个心理框架（Van Dijk 2001）。由于语境控制着话语各个方面的生产和理解，翻译政治话语不仅要考虑政治话语的语言结构，也要关注它的政治背景。Al-Harahsheh 指出（2013：101）政治演讲区别于其他政治体裁的特征之一是它们在特定背景下的意图与功能，它们针对某一特定受众，意在影响他们的立场和态度。话语产生的地点、目标受众以及话语的主题都会影响语言的使用。因此，译者必须对原著产生的最初语境有全面的了解。

再者，人类所经历的话语都具有敏感性的潜质，而这种潜质能否被体现关键在于话语的文化和社会背景，依赖于语言的宏观社会背景，而不是语言的指示功能（Simms 1997: 3）。Schäffner（1997）曾指出政治话语的敏感性较高，再现与政治敏感问题相关话语时，单词、习语、结构等方面不准确或不合适的选择都有可能导致重大误解，甚至会引起国际冲突（Karra & Kaplani 2007：1）。本书所分析的政治话语涉及习近平新时代中国特色社会主义思想，关系到中国发展的道路和模式，也涉及外交关系和世界发展问题，具有较高的敏感度。

另外，政治演讲不是单一的体裁，而是在特定语境下由针对特定受众产出的一系列次体裁组成的。本书研究的内容属于准备好的演讲，又被称为非自发的演说，或口语独白（Hernández-Guerra 2013）。这种类型的演讲是事先准备好的。此外，它们旨在面对众多观众，而观众也会按照演讲发表的内容理解演讲者的意图。因此，译者有必要了解原著面向的群体，同时也必须意识到由于同一演讲者在不同语境下针对的目标群体不同，这类话语的翻译兼具灵活性，即同样的语言表达在不同的语境中会有不同的再现，需要采取不同

第二章　相关研究回顾

的翻译策略和技巧。

另外，如果演讲发生在国际化的情景中，例如联合国，G20或博鳌亚洲论坛，译者会面临更大的挑战。他们必须做出决定：译本遵守哪些规范，是源文化还是目标文化的规范，或者兼顾两种文化的组合，产生混合文本（Trosborg，1997）。本书著者在研究分析过程中也会注意到译者在符合文化规范方面采取的策略。

随着政治活动越来越多地在超国家背景下进行，翻译成为国际关系和政治权力制衡中不可分割的一部分。随着翻译在双语和多语语境中的作用愈发明显，在建立和维持政治权力或展示意识形态方面的作用愈加显著，相应的翻译研究开始关注翻译过程和策略在传达意识形态和维持社会结构中的社会功能。关注文化意识形态特征的学者一致认为意识形态就是一套观点、价值观和规范，表明社会成员应该如何思考、感受和行事。它不仅可以告知个人或者个人机构对世界的看法，也有助于他们对事物的理解和认知，这也正是研究翻译的学者对它感兴趣的原因（Hermans 1998）。由于译者本身是翻译实践活动的社会环境的构成成分之一，译者在特定社会文化环境中使用的策略可以说也具有意识形态特征。为此，Hatim和Mason（Hatim & Mason 1990：143-144）区分了意识形态和翻译之间的两种联系，即（1）翻译的意识形态以及（2）意识形态的翻译，并且他们强调译者的介入程度本身就是意识形态问题，影响着意识形态与翻译之间的两种关系，因此值得仔细分析。Petrescu（2009：101）认同以"权力，支配和操纵"等形式存在的意识形态影响着译者如何改写源文本，但指出它们不会影响源文本精确的语义内容和功能。

隐喻的意识形态力量也受到学者的关注。它的力量源于它会成为人类心理世界中熟悉的内容（Ng& Bradac 1993：140）。随着时间的推移，意识形态隐喻会被归化，嵌入人们的思想和视野，融入他们看待事物的方式，最终成为"非意识形态"的"常识"。这意味着人们不再能够看到支撑它们的意识形态。Dvorák（2011：25）指出隐喻在塑造政治意识形态方面扮演着特别重要的角色。它是我们理解许多过于抽象、偏僻和复杂的政治概念的关键，帮助我们能够更加容易地理解这些概念，因此，隐喻有助于塑造我们的政治和社会现实。作为意识形态和翻译领域最具影响力的作家之一，Venuti（1995：34）提出了归化和异化的概念。前者指目标文本的文化价值占主导地位，而后者认为翻译应该忠实于源文本和源语的文化。他认为译者在翻译过程中不可避免地要面对归化或异化的选择。在大多数情况下，译者倾向于在翻译中归化语言和文化的差异。例如，Newmark 提出的隐喻翻译策略，包括遗漏、替换、释义，并将隐喻转换为明喻，就是采取"归化策略"，使目标读者更容易接受。

二、隐喻的跨语言研究

任何类型的跨语言研究都涉及至少两种不同语言，在某些方面进行比较，探究这些语言之间的相似点和不同点。这一语言学领域属于对比分析，一般被视为应用学科，关注语言差异可能会给双语学习者或翻译者带来何种困境。跨语言研究的目的在于应用，研究的重点是语言系统，而不是语言使用。但是，跨语言研究的范畴非常广泛，不同语言的比较不会局限于应用的角度而且在理论上也是有意义的，它揭示了什么是人类语言普遍拥有的，什么是某种语言特有的（Johansson 1998：3-4）。

隐喻的跨语言研究关注两种或多种不同语言的隐喻语言表达，

第二章 相关研究回顾

而不是寻找不同的概念隐喻。通过应用概念隐喻理论（CMT）我们可以按照以下标准将隐喻语言表达进行分类：

（1）具有相同目标域（以下简称 TD）和源域（以下简称 SD）的表达式：按照 CMT，它们属于同一个概念隐喻（以下简称 CM）。

（2）具有相同 SD 的表达式：不同 CM 的表达式共享相同的 SD。我们可以据此探索是哪些 TD 与特定的 SD 相关联，即哪些概念是由给定的 SD 构成的。

（3）具有相同 TD 的表达式：概念化相同 TD 的替代方式，即使用何种 SD 作为概念映射源。

认知语言学学者关注概念隐喻的普遍性和变异性（Kövecses 2004, 2006, 2007）。如果某个概念隐喻存在于所有语言，它就具有普遍性。然而，探讨所有语言是不可能的，于是人们选择比较两种或更多种语言在隐喻的使用方面是否存在差异。跨语言研究可以显示 CM 是否在两种语言之间共享。有些 CM 只能在某些语言中找到，但在其他语言中则找不到。有些 CM 在两种语言中都存在，但其语言表达却不完全相同，即存在语言表达变异，这是由不同的语言系统，同时也是文化因素造成的（Chilton 1996；Chilton & Ilyin 1993）。如果我们已经确定一个给定的 CM 是两个语言共享的，那么这两种语言中隐喻语言表达之间有什么样的关系呢？Kövecses（2003a, 2003b, 2005：133）根据以下参数系统地比较了隐喻语言表达：使用的语言形式（相同或不同，S 或 D）；所用表达式的字面含义（相同或不同，S 或 D）；所用表达式的比喻意义（相同或不同，S 或 D）；表达式的概念隐喻的基础（相同或不同，S 或 D）。每个参数在不同语言中可以相同（S）或不同（D），它们的组合产生了以下四种模式（从右到左解读）：

（1）DSSS- 相同的 CM，相同的比喻含义，相同的字面意义，不同的语言形式；

（2）DDSS- 相同的 CM，相同的比喻意义，不同的字面意义，不同的语言形式；

（3）DDSD- 不同的 CM，相同的比喻意义，不同的文字意义，不同的语言形式；

（4）DDDD- 不同的 CM，不同的比喻意义，不同的文字意义，不同的语言形式。

Kövecses（2003a，2003b，2005）使用上面列出的参数和模式探讨共享概念隐喻在匈牙利语和英语两种语言中体现出的跨文化差异。他发现两种语言都存在"爱是一次旅程"和"时间就是金钱"两种概念隐喻，并收集了 13 个和 16 个包含这两种概念隐喻的英语句子，请 20 名母语为匈牙利语且英语流利的学生将这些英语句子翻译成匈牙利语。随后，学生对各自的翻译进行讨论修改，直到翻译出所有人或者绝大多数人都能接受的认为与原句对等的句子。然后他用上面列出的参数分析了英语和匈牙利语句对，并针对"爱是一次旅程"这一隐喻表达式的某一特定语义角色做了详细的语义分析，指出"英语句子将行为人的行为或施加于行为人的活动前景化，这与匈牙利语中将被动关系和爱情关系的相对被动性的前景化形成鲜明对比"（2003：317）。基于不同语言共享概念隐喻的语言表达差异的分析，他得出了关于这些语言之间文化差异的结论。一方面，隐喻的"语言表达可以揭示概念隐喻背后的文化和意识形态的微妙差异"（2005：155）。例如，"爱情是一次旅程"似乎反映出英语文化对爱情更倾向于采取积极主动的态度，而匈牙利语文化会表现出更为消极的态度。另一方面，对隐喻表达的分析可以揭示出一种语言阐述

第二章 相关研究回顾

某一概念隐喻的方式。例如，与匈牙利语相比，英语似乎对时间有更加全面和连贯的阐释（2005：141）。Kövecses 由此断定"虽然金钱比喻可能在匈牙利语中占有一席之地，但货币（有价值的资源）概念在匈牙利语中并不像英语中那么根深蒂固"（2005：142）。在以上两个案例研究中，研究者假设共享概念隐喻的变化可以解释为细微的文化差异，隐喻语言表达的变化视为文化差异的结构，并且表明这些差异（至少在观察到的案例中）是系统的，有动因的，对于隐喻的研究具有重要意义。隐喻不仅仅是认知实体，而且是文化实体，是认知和文化因素在一个概念复合体中的联合体现。

隐喻的跨语言研究要确保分析的隐喻语言表达式是语言中实际使用的表达式，因此可以通过以下几种方式获得研究对象：

（1）收集某语言生成的书面或口头语篇中隐喻表达的例子（可以随机地手动完成，或使用大型电子语料库系统地搜索，或使用网络平台通过关键词搜索）。

（2）将表达式从一种语言翻译成另一种语言，然后评估它们的可接受性。

（3）通过查看实际的翻译文本，了解特定的隐喻表达是如何在上下文中翻译的。虽然 Kövecses 选择了第二种方式开展研究，但他提出的参数和模式也可以成功应用于其他类型分析，包括本书涉及的在实际翻译文本中的隐喻对比研究。

Kövecses 的研究明确指出隐喻与文化之间的联系。同样地，Gerard Steen 将概念隐喻称为"文化模式"：

> 我认为更具包容性的文化模式，将生活或爱情表征为旅程，将商业和政治形容为战争或体育，将组织描述为植物或机

器，都是复杂的隐喻，与某种文化中人们熟悉的脚本、场景、故事和争论有关（Steen & Gavins 2014：506）。

Lakoff（1987）也认同隐喻映射是被文化因素激活的观点。他对隐喻是抽象的和普遍的观点提出质疑，提出它们往往与生理和文化的体验相关。

其他大多数有关隐喻的跨语言研究都在一定程度上强调了文化差异。例如，Schmidt 和 Brdar（2012）使用 Kövecses（2003，2005）的隐喻跨文化研究模式调查了概念隐喻"生活是一场赌博"在克罗地亚语、英语和匈牙利语中的语言表达的变异模式。基于轻微的跨语言差异，他们假设克罗地亚人和匈牙利人与美国人在人生态度上存在差异。前两者较被动，就像赌博中等待自己的号码被抽取一样，而美国人会采取更积极的态度，在赌博中会通过掷骰子、拿牌等控制赌博。

一些隐喻的跨语言研究基于大型语料库展开。例如，Schmidt 和 Omazic（2011）运用"隐喻模式分析"的方法，基于英国国家语料库和克罗地亚国家语料库两个大型语料库，对英语和克罗地亚语中以"时间"作为目标域的隐喻进行了系统研究。他们分别对英语和克罗地亚语中相关语言表达进行描述，然后进行比较分析，对两种语言中投射到时间目标域的各种源域概念的分布进行了定量统计，并基于此对文化差异提出了一些假设。例如，由于隐喻"时间是宝贵的资源"在英语语料库出现的频率高于在克罗地亚语语料库中出现的频率，他们推测这种差异可能是由于英国文化的物质价值高于克罗地亚文化。如果这个假设成立，英国人更倾向于将时间作为一种资源、一种财产、一种有价值的商品来看待的观点就不足为奇了。

第二章　相关研究回顾

其他研究较少关注文化问题，而更多关注概念隐喻的机制及其在不同语言中的功能差异。例如，Ahrens 和 Say（1999）研究了英语和汉语中的"动物"隐喻（"人是一种动物"），发现两种语言表达动物隐喻的不同之处在于将动物源域的不同图像模式映射到目标域。英语动物隐喻中映射的图像模式包括动物的外观、动物的行为和动物的声音，因此表征的人体现出所映射的动物的特征。这种映射不是等化的，它映射到人类身上的动物特征，在许多情况下会蕴含负面含义。汉语中动物隐喻的映射有些不同。首先，没有动物声音的映射。其次，动物的外观虽被映射，但仅映射到身体部位。第三，动物行为被映射到汉语中的名词和表静止的动词。这项研究表明即使两种语言有同样的概念隐喻，从源域映射到目标域的图像模式可以存在差异。

以上关于隐喻的跨语言研究可以加深我们对语言的了解，例如：一种语言是否具有词汇化和传统化的隐喻表达，以及特定概念隐喻在特定语言中如何实现词汇化以及这种词汇化与其他语言的区别；同时也可以告诉我们语言在塑造概念隐喻中所起到的作用，即在某种程度上语言可以约束隐喻的表达，反之，隐喻以什么方式来塑造语言。另外，隐喻的跨语言研究使我们能够深入了解与特定概念隐喻相关的文化、世界观、意识形态等方面的差异。

然而，隐喻具有三个维度或属性：语言，认知和交流功能（Steen 2014：504），"这些属性决定了隐喻在使用过程中的结构和功能"。每一个隐喻的属性都值得我们研究，我们还应该关注它们之间的关联。隐喻的跨语言研究能够帮助我们探究隐喻的语言层面和认知维度，但不适用于揭示它的交际功能。隐喻的跨语言研究可以揭示概念隐喻的普遍性或变异性，揭示隐喻变异是否存在系统化和动态化。它所关注的问题是隐喻的具身性以及语言和文化因素如何塑造隐喻,但很少考虑真实语境中隐喻的语言表达,以及隐喻表达在特定语境中的作用。

为了更全面地了解隐喻的产生过程以及隐喻在交际中的作用,我们必须研究人们如何理解和使用隐喻。在这方面,本书所采用的对比翻译分析方法(Chesterman 2000:16-18)是比跨语言研究更为有效的途径。

三、隐喻翻译研究

最初翻译研究中的隐喻问题,主要是文学翻译中的隐喻问题,引起了人们对两大主题的广泛讨论:隐喻的可译性,和影响隐喻充分翻译的因素及其翻译的具体方法。下文首先追述翻译研究中对隐喻传统的处理方式、影响隐喻翻译可能性的因素以及为实现隐喻翻译的充分性提出了哪些方法,然后转向认知语言学视角对隐喻翻译的研究。

1. 传统视角的隐喻翻译研究

传统的翻译研究认为隐喻是一个翻译难题,受到所表达的语言、语言所反映的文化以及与特定文化相关的价值观的限制和约束。隐喻被看作一种修辞格,一种以艺术和雄辩的方式形成的语言表达方式,在两个实体之间进行比较,用于文本中的装饰。充分理解和解释隐喻的能力取决于是否掌握具有相同文化背景的同一种语言。人们一般认为由于缺乏相似的经验,隐喻是不可能被转换成另一种语言的。

第二章　相关研究回顾

从语言学和规范对等的视角来看，隐喻最好是在目的语文本尽可能接近原文的情况下被再现。然而，从文化的角度来看，隐喻是一种"语义新奇现象"，因为它是独特的，在目的语中不可能存在任何"对等"，因此不能（甚至不应该）翻译（Dagut 1976：21-33）。这种视角认为将隐喻转换为另一种语言，或者在新的交际语境中使用会改变隐喻的本质，似乎涉及一套不同的想法，并在目的语和其文化中产生不同的含义（Dobrzyńska 1995：599）。根据这一观点，翻译可译性似乎取决于以下若干因素：原语及其特殊结构、文化背景、文本类型、隐喻在文本中的结构和功能以及新的交际语境（e.g. Newmark 1981：84；Kittay 1987：82；Dobrzyńska 1995：596, 598）。

基于以上对隐喻可译性的理解，研究者以指导性和描述性的方式提出了一系列翻译步骤，以便帮助译者充分完成从一种语言到另一种语言的翻译任务。例如，Newmark（1981：85）将隐喻分为五种类型：死隐喻、陈词滥调、常备隐喻、新兴隐喻和新颖隐喻，并提出了七种隐喻翻译方法用于指导翻译实践（1981：88-91）：

（1）在目的语中再现相同的意象，只要这种意象在恰当的体裁中以一定的频率出现。

（2）用不与目的语文化冲突的意象替换源语中的意象。

（3）用明喻翻译隐喻，保留意象。这种方法可以减少隐喻带来的冲击，特别是当目的语不具有感性特点时。

（4）将隐喻（或明喻）翻译成明喻加意义阐释（有时是隐喻加意义）。

（5）将隐喻转化为意义的陈述。

（6）删除认为多余的隐喻。

（7）将同一隐喻与意义相结合。

另有学者基于对翻译文本的观察提出了三种隐喻翻译模式的设想（van Den Broeck 1981）：

（1）严格意义上的翻译，涉及原文中"本体"和"喻体"在目的语中的再现。

（2）替代，指原文中的"喻体"在目的语中被不同"喻体"替代来表征同样的"本体"。

（3）意译，指原文隐喻在目的语中通过一个非隐喻表达来传递。

还有学者指出隐喻的可译性与隐喻的类型（词汇化、常规隐喻和新奇隐喻）以及隐喻在文本中的使用和功能有关。隐喻的类型取决于隐喻被"制度化"的相对程度，而隐喻的使用与功能密切相关，涉及隐喻与语篇的交际功能及其交际目的关联性（Van Den Broeck 1981:74–76）。

Dobrzyńska（1995：599）关注语义的充分性，对翻译的处理提出了类似的策略，指出在新的交际和文化语境中翻译隐喻的三种可能性：

（1）使用与原隐喻完全对等的隐喻（M-M）。

（2）使用不同的隐喻表达相同的语义（M1-M2）。

（3）用近似字面释义代替原文不可译的隐喻（M-P）。

她强调，在隐喻性交流中交际双方的"共同知识"非常重要，即文化中典型联想和共同价值观的作用不能被忽略。在分析典型联想时，她提出了词汇内涵的概念，指出它是"世界知识"的一部分，与特定语言的词汇要素相关联，并由语言内部的相互关系建立起来（1995：597）。词汇内涵和典型联想的相似性有助于将隐喻从一种语

第二章　相关研究回顾

言向另一种语言迁移，而词汇内涵和典型联想的差异性会对这种迁移形成阻碍。

相反，有学者提出隐喻翻译不应该遵循先验的标准和价值判断，强调从目的语的视角来识别隐喻。不同于 Newmark 针对原文隐喻提出的翻译步骤，Toury 总结出 4 种面向目的语的基本翻译方法，得到大多数从事隐喻翻译的学者的认同（1995：82）：

（1）将隐喻转化为"相同"的隐喻。

（2）将隐喻转化为"不同"的隐喻。

（3）将隐喻转化为非隐喻。

（4）目的语语篇中省略隐喻。

另外，他还指出以下其他两种可能性，说明隐喻不是翻译中的难题，而是解决翻译问题的方法（Toury 1995：83）：

（1）将非隐喻转化为隐喻的可能性。

（2）目的语中出现的隐喻在原文中没有体现。

上述研究从传统角度看待隐喻，认为隐喻是一种具有修饰性的语言现象。不管是规范性还是描述性的翻译策略，他们的翻译方法有所趋同，主要包括三种选择：在目的语中使用相同隐喻；使用不同的隐喻；取消隐喻，提供相应的字面释义，或提供隐喻的附加信息，以便于读者理解。另一方面，Toury 从译文视角研究隐喻翻译，指出译文中的新增隐喻是解决翻译问题的方案。他的研究属于描写性翻译研究，尽可能地总结出所有隐喻翻译的方式。研究的视角虽有别于他之前的研究，但是提出的翻译方法与 Nemark 基于规范性翻译提出的方法几乎没有差异。

2. 认知视角下的隐喻翻译研究

受 Lakoff 和 Johnson（1980）的概念隐喻研究的影响，隐喻和翻译实践及教学研究领域的学者开始从认知语言学的角度研究隐喻翻译。在教学领域，Deignan 等人（1997）为了探究英语和波兰语之间隐喻表达的差异程度以及出现的问题，组织了 143 名波兰学生进行翻译练习。他们发现许多英语隐喻表达在波兰语也同样存在，但是学生在翻译母语时没有找到类似对等词的英语隐喻表达时会感到困难，当他们不得不解码更长、更固定的表达式时困难会更加明显（1997：354-355）。学生的译文与原文相比会出现以下四种情况：

（1）相同的概念隐喻和完全对等的语言表达。

（2）概念隐喻相同，语言表达不同。

（3）不同的概念隐喻。

（4）字面意义相似但隐喻意义不同的词或表达方式。这种情况通常是因为学生不了解隐喻表达的隐喻性，会将他们翻译成字面意义对等或相似的波兰语，产生负面影响。

实验表明语言和文化之间共享的概念隐喻能够为从源语中解码隐喻表达选择相似或不同的目的语表达方式提供坚实的基础。另外，如果源语隐喻在目的语中不存在，译者可以选择不同的概念化过程。不同的概念化不一定意味着不同的意义，更多的是视角的转换。在缺乏共享概念基础的情况下，隐喻的语言表达很可能不会产生预期的效果。这就要求译者进一步确定具有相似字面意义的表达是否也具有相同的隐喻意义，或者这种相似性是否在语义上具有误导性。

"认知翻译假设"（Mandelblit 1995）区分了相似的映射条件（SMC，Similar Mapping Conditions）和不同的映射条件（DMC，

第二章 相关研究回顾

Different Mapping Conditions)。在 SMC 中，源语和目的语使用相同的隐喻来概念化同一个领域，而在 DMC 中，源语和目的语言使用不同的隐喻。Mandelblit 关注翻译过程，探讨译者翻译隐喻所需的反应时间，认为具有相同概念基础的隐喻表达需要较少的翻译时间。具有不同映射条件的隐喻表达式似乎更耗时，更具有挑战性，因为译者必须进行概念转换并寻找另一个相应的概念域。

在"认知翻译假说"（CTH）的基础上，一些学者提出了"认知文化框架"（即认知对等假说）来翻译隐喻（Al-Zoubi et al. 2007：238），指出三种认知映射条件：

（1）映射条件类似的隐喻。

（2）具有相似映射条件但实现映射的词汇不同的隐喻。

（3）映射条件不同的隐喻。

以上三种映射条件形成一个连续体，其中一端是相似的映射条件，显示语言和文化之间最大的趋同，拥有具有共同经验基础的（普遍的或文化重叠的）隐喻。而由于明显的文化差异，另一端的不同映射条件显示出语言之间的最大差异。具有不同词汇化的类似映射条件将被置于中间位置，显示由语言不同的文化或"伦理"系统产生的差异（2007：238）。

Schäffner 通过对比分析英语与德语的政治语篇，提出了更详细的隐喻翻译建议。她将隐喻的翻译过程同语篇的功能、涉及的读者、不同的语言和文化相联系，发现了隐喻翻译的五种情况（2004：1259-1267）：

（1）在源语和目的语中，概念隐喻在宏观层面上是相同的，体现在微观层面上的隐喻表达不用得到解释。

（2）源语中基本概念模式的结构元素在目的语中被其他表达式

替换，使包含的意义更加明晰化。

（3）源语中的隐喻在目的语中更加细化。

（4）源语和目的语采用不同的概念隐喻，它们同时归属于更抽象的概念隐喻。

（5）目的语中的隐喻表达反映了源语概念隐喻的不同方面。

以上五种翻译都在目的语的宏观和微观层面上保留了源语中的概念隐喻。微观层面是指在概念和语言层面都对应的隐喻翻译，类似于 Deignan 等人（1997）提出的第一类翻译（相同的概念隐喻具有同等的语言表达）。宏观层面上是指隐喻仅在概念层面上对应，以不同的语言手段表达的隐喻翻译，这类似于 Deignan 等人的第二类翻译（相同的概念隐喻，但语言表达不同）。Schäffner（2012）将隐喻看作跨文化交际和（或）翻译的结果，强调它的跨文化互文性，指出翻译过程需要将文本置于其历史背景中，并考虑其功能、受众以及文化背景。某些概念隐喻可能是普遍的，存在于不同语言文化中，但其具体的隐喻表达方式似乎更具文化特性。此外，某些隐喻可能是广泛存在的，但是隐喻的不同层面可以用不同的语言来强调。因此，隐喻最重要的方面就是它的文化差异性，而这种差异性在翻译过程中尤为明显，正如 Schäffner（2004：1267）所言：

> 一旦从国际视角讨论隐喻［……］，将它从一种语言和文化转换到另一种语言和文化时会产生某些变化。因此，通过对不同语言中隐喻和隐喻推理过程的文本分析，可以揭示概念结构上可能存在的文化差异。

她进一步指出概念隐喻及其表达在源语和目标语言中并不总是相似，但并不意味着这些变化和差异就是翻译错误。

第二章　相关研究回顾

　　Schäffner 的隐喻翻译研究是以两种文化的政治语篇互译的定性研究为基础，另有针对其他语类中特定隐喻的定量研究。Fuertes-Olivera 和 Pizarro-Sánchez（2002）借助语料库语言学的研究方法，研究了英语经济语篇中的通货膨胀隐喻以及它们在西班牙语中的翻译。他们认为隐喻既是一种认知工具，也是一种修辞手段，提出理想的翻译应包含相同或相似的概念隐喻，以保留隐喻原有的功能，以及给读者带来的惊奇和愉悦的审美功效（2002：44）。他们的研究表明，西班牙译本保留了原文的隐喻概念：源文本和译文文本都将通货膨胀概念化为动物、疾病、敌人、抢劫和引擎。他们还指出译文存在着翻译源文隐喻表达字面意思的倾向。这种字面翻译再现了源文的隐喻术语，产生了源域和目标域之间相似性的隐喻，既保留了原有隐喻又带给读者惊喜，实现了概念化和审美化两种功能（2002：61）。这类直译与替代隐喻表达或释义相比有一定优势，因为它在源域和目标域之间创造了直接的相似性，容易被读者理解，是传播专业技术、科学知识和术语的一种常见方法。除了被看作是翻译过程中填补概念空白的解决方案，创造相似性的隐喻可以被视为翻译创造性的实例。他们的结论为隐喻翻译提供了进一步的可能性。由于隐喻依赖于思维过程，目的语社团可以在新的交际语境中重构新隐喻所提供的相似性，并通晓它的意义。因此，不管两种语言之间是否存在相似或不同的映射条件，概念隐喻都可以从一种语言转化到另一种语言。

　　可见，隐喻的认知翻译不是从语法上的偏差或语言的独特性角度考察隐喻的可译性现象，而是关注"认知对等"和"认知限制"对隐喻翻译的影响（Tabakowska 1993：69）。隐喻翻译的关键是识别和呈现特定隐喻表达背后的概念化问题，而不仅仅专注于隐喻表达本身。正如 Schäffner 指出的那样，文化的特殊性主要表现在隐喻表达上，而在概念隐喻中则较少（2004：1264–1265）。因此，可译性与源文化和目标文化的概念系统之间的趋同和（或）差异程度，以及语言之间共享的经验基础的程度有关。

以上认知视角的研究指出隐喻翻译中可能发生的变异类型。Al-Zoubi 等人的研究再现了翻译隐喻一般可能出现的情况，虽然其结论似乎与 Deignan 等人（1997）的研究结果相似，但 Deignan 等人仅仅比较了英语和阿拉伯语中固定的隐喻表达，如习语、谚语和古兰经诗句等。他们则基于实证研究方法，从英语日常常用的隐喻表达翻译到波兰语的实验中得出结论。Schäffner 的研究在实证分析方面有着更为坚实的基础，对隐喻翻译可能性的阐释更加详细。同样，Fuertes-Olivera 和 Pizarro-Sánchez 的研究结果也是建立在实证研究的基础上，并由此推断出隐喻翻译在实践中的新策略。而 Schimdt（2012，2014，2018）参考 Kövecses 提出的参数（2003a, 2003b, 2005），在认知隐喻理论的框架下，基于 Toury 的分类，提出了八种翻译隐喻的策略，并在文学语料库与电影字母语料库中进行测试，证实了这些翻译策略的可行性。本书的对比分析将进一步验证这些策略在政治话语翻译中的应用价值。

四、小结

随着国际交往的日益加深，政治话语翻译起着越来越重要的作用，而隐喻作为表征抽象和复杂政治概念的语言与认知途径成为话语生成者经常使用的策略。本书倾向于在认知隐喻视角下，使用 Schäffner（2004）、Fuertes-Oliver 和 Psarro-Sánchez（2002）以及

Schimdt(2012, 2014)的方法和视角,进行翻译实践中源语与目的语的对比研究,探究隐喻的翻译策略,并基于政治话语的特征,考虑话语语境、话语功能以及所涉及的语言和文化,探寻翻译策略的动因。

第三章　理论基础

本书是有关政治话语隐喻的翻译研究，涉及隐喻的本质与特征以及理解和使用过程，同时也是关于翻译实践活动的探索。隐喻是认知语言学研究的热点问题，也是翻译实践和评价中的难点。认知语言学领域隐喻的研究成果会给本书的研究提供充分的理据，而翻译理论则会为隐喻在不同语言之间的转化提供必要的指导。下面，我们将分别对相关理论进行阐释。

一、隐喻研究

隐喻研究由来已久，我们对它的认识经历了从语言修辞到认知现象的转变。传统视角下，我们将隐喻看作是用一种事物表述另外一种事物的语言表达方式，而认知语言学理论却把它当作人类的一种极其重要的认知工具。传统的隐喻研究视角包括比较观和替代观，二者都把隐喻看作是一种与认知活动毫不相干的语言现象。人们基于两种物体之间的相似性，认为使用隐喻是为了达到某种艺术效果和修辞功能（Kövecses 2002, 2010）。预先存在的相似之处证明了各种隐喻表达的产生，例如隐喻表达"roses on her cheeks"指的是人脸颊上的粉红色肤色。然而，情况并非总是如此。我们在"digesting food"和"digesting idea"之间就无法识别预先存在的相似性（同上：67-69）。虽然我们可能会感觉到这两种表达之间的相似性，但在"思想"和"食物"两个概念之间却没有实际存在的相似性。我们使用"食物"领域来构建"思想"领域是基于我们需要用更多的直接与熟悉的经验去更好地理解抽象或崭新的概念。

随后产生的交互观第一次指出隐喻有时起到"认知工具"的作用。这种观点强调在两个主体的交互活动中会产生新的事物，而新事物的产生就来自于与旧事物有关的联想意义（Ortony 1996）。这种相似性的产生过程属于一种认知活动，然而，交互观并未就这一认知过程的特点提供详细阐释。莱考夫和约翰在他们的著作《我们赖以生存的隐喻》中首次提出了概念隐喻理论，通过映射概念对这一过程进行了深入的阐释。

1. 隐喻的认知研究

从认知视角研究隐喻，研究者关注的焦点是语言与思维之间的关系：隐喻如何通过概念映射建构我们的思维？隐喻性的表述又是怎样在大脑中被处理的？

（1）隐喻的认知本性

概念隐喻理论的创建者们指出隐喻最初存在于思维之中，而非一种语言形式。它不仅丰富了言语社团的词汇，而且还可以通过在两物体之间建立联系来扩充人们对事物的认识，从而建构起人类的推理和概念系统。在这方面，隐喻提供给人们的是一种能够以跨域的方法去认识和划分经验的新思路。隐喻使我们使用相对简单和熟悉的经验去理解那些难懂又陌生的经验成为可能（Gibbs 1999：145）。

概念主义者认为语言和认知都具有隐喻性。隐喻是日常言语的一部分，影响到人们的感知、思维和行为，因此是人类赖以生存的方式。他们认为概念隐喻在低于语言层面的思维层面起作用，被用来描述人们头脑中两组概念之间的关系。传统方法习惯用源域、目标域和映射等术语来表述概念隐喻。源域通常被用来表征目标域的具体范畴，而目标域相对抽象，理解起来更费脑力。源域的结构和特征通过隐喻转移到目标域，我们称这一转移过程为映射。这一过程中包含着一系列的心理转换，个人通过这些心理转换实现对信息的获取、存储、回忆和解码（Kail 2001）。概念主义论用以下简便的方法来表达所谓的概念隐喻：概念域 A 是概念域 B。概念域 A 和概念域 B 实现了经验上的连贯（Kövecses 2002, 2010），人们通过概念域 B 实现对概念域 A 的理解和认识。

因此，概念隐喻是"一组具有认识论对应特征的本体论对应"（Lakoff 1993；Taylor 2003：485-487）。本体对应是指从源映射到目标域的实体，认识论对应是指从源映射到目标域的知识，从而形成隐喻性的蕴涵或推论。这些涉及丰富的日常知识，它们来自映射到目标域的源域，但却不局限于基本的映射。有些知识没有明确说明，但可以从映射中推断出来，可以帮助我们进一步理解目标域。例如，概念隐喻"爱情是旅程"连接源域"旅程"和目标域"爱情"，让我们利用我们的旅行经验和知识将抽象概念"爱情"概念化。基本的映射是恋人对应于旅行者、爱情关系对应于车辆、关系的目的对应于目的地、关系中的困难与旅行中遇到的障碍相对应等。这种概念隐喻体现在汉语中，有多种隐喻表达方式，如：

例1： （1）爱是一次旅程。

（2）我们的关系走到了死胡同。

（3）这段关系不会有任何进展。

认知隐喻理论最突出的特点之一是将概念隐喻与隐喻表达这两

个概念相分离（Lakoff 1993）。隐喻表达属于语言表达（词、短语或句子），由跨域映射产生，并体现在语言层面上。研究者们一般通过语言来识别概念隐喻。他们通常在被称作"语言隐喻"的词语和短语中寻找一定的模式，以此为潜在的概念隐喻提供存在的证据（Steen 1994）。隐喻性思维同隐喻性表达之间的关系通常被说成是概念隐喻可以通过语言隐喻来实现（Deignan 2005）。比如，我们可以说"争论是战争"这个概念隐喻能够通过像"你的陈述无懈可击"、"他攻击我论点中的每一个漏洞"这样的表达来实现，而"无懈可击"和"攻击"这些表达措辞都属于语言隐喻。基于复现的诸类语言表达形式，我们可以推断出一系列经典的隐喻映射，诸如"争论是战争"和"生命是一场旅行"等（Lakoff & Kövecses 1987）。

（2）隐喻的具身性

源域和目标域之间的关系不是随机的，而是"基于与我们的经验的系统相关性"（Lakoff &Johnson 1980/2003：61，Grady 1997a，1997b，1999）；也就是说，它是由我们的经验和我们为构建意义而使用的知识所激发的。概念隐喻的产生是以经验为基础的，即隐喻的具身化特性。这意味着隐喻产生于对我们自己身体的认知和与周围世界互动产生的日常知识，以及我们从这种相互作用中获得的经验。具身经验分为经验共现或经验相似（Haser 2005）。前者是建立在不同经验的共现基础上的，例如，隐喻"more is up"是建立在数量增加的经验和高度增长的经验共同发生的基础上的。后者是基于不同体验之间的感知相似性。例如，隐喻"生活是一场赌博"，是建立在我们生活中的行为与赌博之间的相似性的感知上的。

由于大部分的隐喻意义源自人们身体的经历，意义的"具身化"对隐喻的认知研究就显得尤为重要（Gibbs, Lima & Francoao 2004）。

讨论认知语言学中的"动机"问题会涉及这一现象。所谓"动机受到了激发"是说"凭借语言学家的直觉，两个概念是相互联系的，或者说两者紧密相连，不为第三者所替代，而我们要借助的正是某种超越了语言学家直觉的解释"（Sweetser 2002：3）。

学者们在研究隐喻的过程中发现了各种各样的动机。例如，Kövecses（2002：244）确定了两种动机，分别是"经验的相关性和形似性，或者说相似性"，指出二者互为补充。Lakoff & Johnson（1999）发现隐喻具有身体上的动机，简单基本的隐喻通常通过以下三种方式来体现：包含在人体神经解剖中的相关性；源域基于人体感觉运动的体验；人们不断重复经历的源域同目标域相联系的情景。其中，经验相关性是隐喻的基础。譬如，我们把"情感"概念化为"温暖"（Kövecses 1986：101），是因为年幼时父母给予的饱含深情的拥抱总会伴随着令人慰藉的体温。

隐喻具身性的动机为人们借助隐喻映射来更好地理解许多抽象概念提供了一个自然而非任意性的理由（Gibbs 2003，2006）。客观相似性为人们感知不同范畴间的关联提供了基础，而我们又是通过物质的和文化的经验去了解这些相似性。因此，某个特定隐喻投射的性质部分是由人的身体经验的性质决定的。人类借助更直观的物质世界和社会现实中的概念和词汇去说明推理、情感等抽象世界就变得顺理成章了。这也为不同的语言共享同一隐喻给出了解释。尽管不同地区人们的语言和文化有别，但他们却具有一个共同点，即栖息于人身，隐喻相关性的根基或许就在于此。

有关情感隐喻的调查发现，这类隐喻是由人拥有这些情感时某些身体感觉激发的，包括用隐喻方式谈论生气（Gibbs 1994）和欲望（Lakoff & Kövecses 1987）这两种情感。一些跨语言的调查研究也为

第三章 理论基础

这一观点提供了有力支撑（Emanatian 1995；Yu 1995）。

（3）隐喻的系统性

隐喻性概念是系统的，人们用来谈论概念的语言也是系统的。也就是说，两个范畴之间的对应也是成体系的。源域的特征同目标域的特征系统相连。相关性的产生是指源域的某些特征被有条理地投射到目标域的过程（Olson 1988）。如概念隐喻"国家是建筑"就把建筑物的诸多特征系统地映射到目标域国家，来凸显国家这个政治概念的特点：建筑物的建造过程映射为国家发展的历程；建筑物的地基映射为国家发展的基础；建筑物的规划图映射为国家发展计划；建筑物的建造者映射为国家的建设者。从源域人物与事件到目标域人物与事件的系统映射会衍生出"国家的发展需要建设者根据计划长期的共同努力才能实现"的引申含义。这些隐喻性概念系统地限定隐喻措辞的表达，因此，隐喻措辞具有规则性，反映出隐喻性概念的系统本身及人类活动的根本特征。系统性允许人们用概念的一个方面去理解另一个概念，如此一来，被理解概念的某些方面会被掩盖。

有关同一概念的不同隐喻并不会相互排斥，而是共同构成一个完整而连贯的系统。因此，对一个概念的理解可以通过不同的隐喻来实现（Kövecses 2002）。例如，除了将国家隐喻性地表征为建筑物，还可以将它描述为人体。人体中不同的器官映射为不同的国家，其中"心脏"具有为血液流动提供动力，把血液运行至身体各个部分的功能，常常被用来表征在国际社会或某一区域起到核心作用的国家。因此，"建筑"和"人体"两种隐喻分别从不同视角描述国家，前者强调它自身发展的动态过程，后者凸显国家外部之间的关系。使用不同的概念隐喻有助于对同一个目标概念进行比较全面的描述。

（4）隐喻的主观性

隐喻的系统性并不是绝对的，会受一定因素制约。源域和目标域之间的映射不能是完全映射，源域概念只有部分特征被选择性地投射到目标域，属于部分映射。否则，源域和目标域就没有区别，不需要一个域来理解另一个域。为了从源域视角理解目标域概念，我们只关注可能应用于目标域的源域的那些元素，而隐藏与我们正在概念化的目标域似乎无关的其他元素，即在从源域到目标域映射的过程中，我们会"突出"和"隐藏"源域的某些元素，使人们的注意力集中在部分元素，而忽略其他元素（Lakoff & Johnson 1980：10-13）。相应的，目标域内只有部分特征被强调，我们称之为凸显部分，能够在语言的词汇中体现出来。例如，在"时间是金钱"概念隐喻中，时间被形容为一种有价值的商品（1980：7-9），衍生出各种隐喻表达，如"你在浪费我的时间"和"我花了很多时间在她身上"。这种金钱概念结构到时间概念结构的部分映射让我们用金钱的价值去理解时间的宝贵，认识到时间会被浪费，会被用来投资，同时也会被耗尽，就像钱一样。然而，金钱的其他方面并没有提及，从而没有凸显有关时间的另一个事实：一旦被浪费、投资、花费或给予，时间无法像金钱那样被收回和归还。

考虑到概念隐喻是部分映射，研究人员认为不论用何种隐喻去理解情景和事件都达不到完美。隐喻永远不会准确无误地呈现它要表达的主题，每种隐喻语言都会不可避免地凸显主题的某些方面，同时掩盖其他方面（Lakoff & Johnson 1980：10-14）。例如"seize"这个词在隐喻"理解即抓住"（"understanding is seizing"）中就只是强调了我们迅速理解了新概念之后的感受，而忽略了理解之前漫长的冥思过程（Deignan 2005：23）。隐喻同样也会扭曲事实，因为它们呈现的是对现实简化后的理解。举个例子，隐喻表达"生活是一场旅行"使我们能直观地理解生活这个抽象的主题。然而，很显然人类生活远比实际旅行要复杂得多。如果仅仅通过人为创造的这个隐喻来简单地理解生活，那它的许多特性都会丢失。

一些研究者试图通过概念隐喻对现实的遮蔽和简化现象揭示隐喻潜在的意识形态。他们指出语篇中的隐喻可以用来表达针对某种事件的有偏见的观点（Lakoff & Johnson 1980；Lakoff 1991）。由于隐喻呈现的是某种特定的根植于一般社会实践的思维方式，群体对它的频繁使用会促使带有偏见的构想形成，这一构想又致使群体中的成员整体产生偏见，相应地折射出该群体对世界的理解和态度。隐喻这种规范化、强制性的影响力要求我们必须本着批判的态度接受概念隐喻（Hawkes 1972：89）。

（5）隐喻的复杂性

概念隐喻远非简单的一对一映射，而是结构复杂的意义构建。目标域可能被概念化为多个源域（Turner 1987）。关于这点，认知语言学家们早已达成共识。Kövecses（1991，2000）对情感隐喻表征进行研究后发现，人们会用不同的隐喻去理解同一个抽象的情感范畴，而每种隐喻关注的又是这个情感不同的方面。这种关系被称为"目标范围"（Kövecses 2005：122）或"多样化"（Goatly 2007：197），涉及一组源域，通常与一种语言中的特定目标域概念相关联。目标域保持不变，但源域的选择具有多样性，且在不同文化中体现出差异性。多种源域可能有相似之处，例如概念隐喻"情感是流水"和"情感是天气"中的源域概念"流水"与"天气"就同属于自然现象；或者没有相似性，如在概念隐喻"教育是探索之旅"和"教育是内部成长的过程"中的源域就分别是人类活动和自然发展两类截然不同的概念。这些反映了隐喻的变异性。当多个源域映射到同一个目标域，每个源域都会发挥特定作用。Kövecses 提出核心意义焦点（main meaning focus）概念来描述这一现象（2002：110）：

> 每个源域都与映射到目标域上的某个或某些特定意义焦点（或焦点）相关联。意义焦点通常是固定的，并得到整个言语社区的认可。它是源域的典型特征，随着映射迁移到目标域。

我们可以从源域映射到目标域最典型和最突出的概念元素中推断出核心意义焦点。这一观点对我们处理概念隐喻翻译很有启发性。通过关注核心意义焦点，即使两种语言使用不同的源域，也有可能产生相应的隐喻含义。例如，一种语言将时间概念化为金钱，而另一种语言将时间概念化为食物。尽管源域不同，但两个源域有一个共同的核心意义焦点，即有价值的商品，两个概念隐喻就产生了相似的隐喻含义：时间是有价值的事物。

除了多个源域映射到一个目标域的情况，相同源域也会被映射到多个目标域中。例如，"建筑"这一范畴可用于表征"理论"和"关系"这两个概念，在如下的句子中得以体现：

例2：（1）少数专业工人创立了科学知识。

（2）两者已经建立起稳固的关系。

其中，动词"创立"和"建立"最初用于建筑行业，被应用到"理论"与"关系"概念中，与"科学知识"和"两者关系"联系起来。Kövecses 用术语"隐喻范围"（scope of metaphor）界定特定的源域可以应用到的目标域范畴（2002：108-109）。

此类发现引发了一连串针对概念隐喻的概括性和专一性的质疑（Gibbs et al.1997；Kövecses 2002）。Grady（1997 b）通过区分基础

第三章 理论基础

隐喻和复杂隐喻解开了人们的疑惑。基础隐喻是指那些具有稳固的经验基础，能在不同的经验领域内激发隐喻表述的简练而又基本的映射（Lakoff & Johnson 1999: 49ff）。经整合后，它们可以形成"复杂隐喻"，后者就对应于认知隐喻理论下的传统概念隐喻。Kövecses在阐释"概括化的隐喻"时（2002）提出的"中心映射"就大致相当于 Grady 的"基础隐喻"。中心映射会生成其他隐喻和蕴涵概念。例如，许多隐喻就是从中心映射"复杂的系统就是建筑"中派生出来的，包括"事业是建筑"，"理论是建筑"，"经济是建筑"，"公司就是一座建筑"以及"关系是建筑"等。中心映射体现了人们在源域文化层面关心的一些主要问题，多数也是经验刺激的结果。"基础隐喻"与"中心隐喻"的存在反映了人类概念结构分层组织的特征。同一源域被映射到不同的目标概念，这些概念可能有共通之处，或者各目标域之间有对等特征。

（6）隐喻与文化

当前的隐喻研究不再局限于英语一门语言。跨语言隐喻研究最初只关注其他语言的情感表达。研究者发现情感这一极其抽象的范畴在不同文化中的表达方式千差万别。人们会用各种不同的概念映射来表述诸如爱（Yang 2002）、气愤（Taylor & Mbense 1998；Kövecses 2002）等抽象情感。研究结果进一步显示，在特定的语言和文化背景下，某些映射占据更核心的地位（Kövecses 1995a, 1995b, 2002, 2005）。比如"生活是一场演出"是美国文化中最具代表性的隐喻，它渗透到了美国人民生活的方方面面，影响到整个大众文化。

此类新发现把文化因素引入隐喻研究，推动了随后认知语言学框架下不同语言与文化间的对比研究（Boers 2003；Charteris-Black

2003；Deignan 2003；Kövecses 2003, 2004；Maalej 2004；Yu 1998, 2004）。这些研究对说不同语言的人如何使用不同的隐喻来谈论相同的经验进行了一番探索。这种文化动因激发了越来越多国内学者的研究兴趣，产出了大量著作。他们的研究涉及相同抽象概念在不同文化被概念化时体现出的相似性和差异性，包括时间与空间概念（周榕 2000；张建理，丁展平 2003；陈家旭 2007a），以及人类情感（林书武 1998；张辉 2000；文旭，罗洛 2004；陈家旭 2007a，2007b）。这些研究还对汉语和英语文化中人类基本的具身体验和社会经验所发挥的概念功能的异同进行了对比，包括人的身体部位（陈家旭 2007a；文旭，吴淑琼 2007），基本颜色（陈家旭 2003，2007a），风、水等自然现象（李耸，冯奇 2006；许伟利，周可榕 2006）以及饮食活动（杨春生 2004）等。

吸纳文化因素在一定程度上拓展了隐喻的具身性研究。隐喻深深扎根于文化的土壤中，文化中最根本的价值观与该文化中最基本的概念隐喻结构是一致的（Lakoff & Johnson 1980；Sandy 1994；Kövecses 2003），因此人类最初必然会无意识地使用隐喻，这也是概念隐喻的特征之一（束定芳 2004）。相关的概念域通过隐喻方式建构，作为复杂知识表征储存在人类的长期记忆中，由相关实体、行为以及事件的信息组织构成。就此而言，当遇到隐喻表达时，预先存在的系统就会被激活（Cameron 2001：18）。

隐喻研究还指出隐喻与文化之间的关系并不总是一目了然的，因为很多隐喻只会暗示存储于我们文化库中的共享知识，而不再被直接体验（Deignan 2003: 270；MacArther 2005）。这里有必要强调各种社会结构所扮演的角色，如信息传播源的权威性，以便解释这些隐喻如何在某种文化中保存下来。为了更充分地解释某些隐喻表达

第三章 理论基础

的意义，我们应该考虑其依存的信仰体系，而不仅仅是单纯地分析可能存在的具身依据。

最后需要提及的是，虽然两种语言可以共享同一个概念隐喻，但是在语言表述方面会有所异同。这使我们把注意力同时放在隐喻研究的语言和认知层面，此外，这些探索也备受应用语言学家们的关注，他们希望通过研究隐喻在教学法中的应用来改善学习者的二语习得过程（Kövecses & Szabo 1996；Lazar 1996；Boers 2000, 2001；Boers, Demecheleer & Eyckmans 2004）。另外，隐喻的使用可能会揭示一个语言群体的世界观和意识形态，从这一点来看，不同语言间的差别也具有重要意义。

（7）隐喻的创造性

Lakoff & Turner（1989）首次提到了隐喻的创造性特征，指出诗人与同一文化中普通人使用的传统隐喻几乎是一样的，但是他们的语言表达新颖、独特，令人着迷。诗人的这种修辞创造力来自他们对传统隐喻的扩充、加工、质疑及糅合，他们新奇的隐喻表述方式正是在这些具有创造力的认知过程中产生的。这种创造性的认知过程并非专属于诗人，很多具有创新能力的普通人也可以以独创的方式使用隐喻，从而产生了大量的隐喻变体（Moore 1982；Kövecses 2005: 259）。另外，人类的认知潜力并不局限于以上这些创造过程。例如，源域"屠夫"与目标域"外科医生"之间并没有自然的关联，但是"这个外科医生就是一个屠夫"这句话却能表达出"这个外科医生缺乏专业能力"的含义。概念隐喻理论已经不足以解释这一现象，概念合成理论或者说整合理论（BT）给出了充分的解释（Fauconnier 1998, 1999；Fauconnier & Turner 2002）。这一理论在分析隐喻时涉及四个域：两个输入空间，一个类属空间，还有一个合成空间。其中，两个输入空间对应概念隐喻理论中的源域和目标域。两个输入心理空间中的对应部分通过部分映射联系起来。类属空间映射到每个输入空间中，并且包含两个输入空间中共有的抽象结构，即类属空间中的一个元素分别映射到两个输入空间中的对应部分。而合成空间则是来自两个输入空间物质的交互作用和整合。概念整合是人类重要的心智能力，并且多数情况下是无意识运行的。

在整合的过程中，两个输入心理空间内的结构投射到一个叫做合成的新空间内。这个新空间内包含着比类属空间中与类属结构有关的更具体的结构。其中就包括输入空间中没有的结构。顾名思义，合成空间是两个输入空间概念整合的结果，而非其中之一单独作用形成。合成空间并不是对源域和目标域的简单复制，而是可能含有两个输入空间中都不具备的元素（Kövecses 2002）。以"他气得两耳冒烟"为例，我们把句子中生气的人作为目标域，把密封的烟雾作为源域。目标域中并没有烟，源域中也没有耳朵，但这一隐喻对两者进行了概念整合，创造出一个新的概念合成空间：储存着的烟从生气的人的耳朵里冒了出来。

概念隐喻理论和整合理论都把隐喻看作一种两个不同的概念域之间存在映射的认知现象，并且两个理论都对映射过程加以限制。然而，二者之间仍然有分歧。概念隐喻理论重点解释以从源域到目标域的单向映射为基础的常规关系。而整合理论则不同，它把研究重点放在新奇隐喻的概念化上，阐释了整合过程中四个心理空间之间的相互作用。在整合理论中，映射是多向的，因为两个输入空间中的要素都会投射到类属空间和整合空间中，最终形成一个能够清楚地解释新意义的层创结构。概念隐喻理论中则缺少这个层创结构，而只是涵盖了从源域概念到目标域概念的映射以及两者之间的相互

第三章 理论基础

关系。

两个理论虽然有别,但还是相互补充。在概念隐喻理论看来,隐喻中两个概念之间的关系是根深蒂固、约定俗成的。这些关系由储存于长期记忆中的稳定知识结构构成。概念隐喻理论中这些约定俗成的相互关系与跨域映射在整合理论中变身为输入空间,对整合的过程加以限定。整合理论效仿了语言使用者的动态心理活动,能更好地解释新奇隐喻。整合过程既可以是传统的也可以是新式的,传统的映射经常被用于认知在线加工(Fauconnier & Turner 1998;黄华 2002)。然而,整合理论的多空间网络极其复杂,类属空间的功能并没有得到详细说明(Luo 2006)。我们有必要将概念隐喻理论同整合理论相结合,以便更恰当地解释语言的隐喻性用法和理解过程。概念之间的传统关系可以用概念隐喻理论来解释,而那些为了局部理解而动态构建的新式关系就用整合理论的网络模型来说明。总之,概念隐喻理论中的跨域映射是整合理论中合成过程的基础,而整合理论又为语言的认知研究提供了新视角。

2. 隐喻的三维研究

隐喻的认知研究成果强调的是隐喻在构建思维与知识中的作用。这些发现揭示了隐喻同具身经验之间的紧密关系,隐喻在语言层面的体现,相关概念映射的整体性与部分性特征,并且还凸显了它的创造性、复杂性和文化特性。鉴于上述原因,认知视角的隐喻研究掀起了包括政治、哲学、经济、文化及教育等在内的社会科学领域研究的热潮。

尽管认知方法在研究隐喻和社会科学方面有所突破,但它的理论和研究方法仍倍受抨击。针对来自对个人内化的语言体验的主观性的批判,研究者开始使用语料库研究方法研究真实语境中的隐喻,而不仅仅局限于基于直觉或是通过诱导得来的隐喻模式。为了破解"在语言层次被视作隐喻的语言项目在概念层次不一定如此"的"隐喻悖论"(Steen 2008: 221),研究者于2015年正式创立了蓄意隐喻理论(Deliberate Metaphor Theory,简称DMT)(Steen 2010),指出隐喻的使用并不都是无意识的,分为蓄意隐喻(deliberate metaphor,简称DM)和非蓄意隐喻(non-deliberate metaphor,简称NDM)。蓄意隐喻是隐喻使用的重要类型,可根据交际者的实际需求随时彰显于意识层面。这类隐喻被蓄意地当作一种修辞手段,是建立在让受话者采用不同观点从而进行跨域映射的基础上的。

本书在研究中并没有区分蓄意隐喻与非蓄意隐喻。蓄意隐喻的概念结构不一定与概念隐喻的相反,也不一定具有新颖性(Steen 2013: 183)。虽然通常而言常规隐喻是非蓄意的,新颖隐喻是蓄意的,但并不能由此推断所有的常规概念隐喻都是非蓄意的。

但本书认同蓄意隐喻理论提出的三维分析模式,主张从语言、认知和交际三个维度来关注真实语境中隐喻的理解与使用。三维分析模式主张隐喻不仅是一种跨概念域的概念结构和表达思维中跨域映射的语言事物,更是语境中对于话语双方具有特定价值的独立交际工具(Steen 2015: 68;孙毅,陈朗 2017)。语言的象征性(symbolization)维度、个体心理的有意识思维维度和交互的人际社会维度汇聚一处,共同促就了话语中的隐喻新模型(Steen 2013: 191;孙毅,陈朗 2017)。隐喻不只涉及语言和思想,还体现在交流与沟通上。

鉴于隐喻的语言、认知及交际特征,要想充分理解隐喻,我们必须把隐喻发生的真实交际语境以及要建构的语境都考虑在内,揭

第三章 理论基础

示人们如何使用语言表达意义,并把隐喻当作这一表达过程中的重要工具。本书的研究将隐喻表达作为思维与思维的语言体现,识别它在言语使用中的模式,探究交际者如何通过隐喻的协商建构意义。总的来说,隐喻与语言、认知、情感、社会文化和意识形态都密切相关。

隐喻在经验的概念化与阐释中起着积极作用,无论是无意识还是有意识地使用,都为隐喻使用者态度的表达奠定了重要基础。无意识的隐喻使用反映了使用者作为代表的社会群体对所映射目标事物的集体认可的约定俗成的看法,类似文化中的常识,反映社会对此事物的认知、情感和态度;而有意识的使用是在特定语境下使用者为了满足特定交际功能,通过有意识选择性的跨域映射,引起受众对目标事物某种特征的关注,控制他人所获信息的数量和性质,也能引发针对"事实"的特殊视角和观点,影响社会对此事物的认知、情感和态度。

源域成为概念化的源头,会被我们整体把握,如果我们接受了源域的一部分,就会同样接受它剩余的部分。举个例子,倘若使用疾病概念来表征移民,我们就会用有关疾病的其他知识来谈论移民:就像我们可以把疾病从体内根除一样,移民会被驱逐出某国的国境。这些与隐喻共生的假设信息会产生大量与尚未成型的模糊抽象有关现象的推测。此外,在理解过程中,隐喻总会与其他概念因素相互作用,其中就包括储存在人脑中的已经建构起来的文化知识。

由于隐喻无意识或有意识的使用能够强化或构建人们共享的世界观,与民族意识形态紧密相关,成为具体政治决策形成的驱动力。政治家在演讲或是特殊社会背景下发表的话语中频繁使用隐喻来增强话语的亲和力和说服力,帮助演讲者拉近与听众的心理距离或增强他们之间的凝聚力。译者在尝试将源语中的隐喻表达转换为目的语言时，一定关注作为意识形态载体的源域概念成分，通过隐喻表达揭示出的概念隐喻中源域的具体特征，建构起的概念情景，从而识别出有关目标概念的认知模式，确定它的语境蕴含意义和交际功能。

二、翻译研究

翻译研究历史悠久。在20世纪50年代之前，翻译研究还是基于经验范式。60年代，奈达与卡特福德的著作相继问世，揭开了从现代语言学开展翻译研究的序幕。70年代，翻译研究从规范走向描写（Holmes 1988b；Munday 2016）。随着翻译研究多系统理论和功能学派的诞生，研究者不再局限于语言内部，探究语言之间的转换，开始关注文化、社会等因素对翻译过程与产品的影响，以及翻译过程中译者的参与和译文读者对翻译的影响，形成了多维研究视角，提出了相关的翻译理论、策略与方法（Gentzler 1993；Arrojo 1998；Katan 1999）。

1. 异化与归化

翻译不是简单的字面翻译或文字转换，而是一种跨文化的交际活动（Blum-Kulka 1986）。不管从何种视角研究翻译，这一点在学术界已经达到了共识，强调翻译已不再仅仅是语言符号的转换，而是一种文化转换的模式（Snell-Hornby 1995；吕俊 1997；郭建中 1998）。这是因为翻译涉及在两种语言之间进行转换，而语言与文化有着不可分割的关系。每种语言都根植于一定的文化，语言也只

第三章 理论基础

有能反映文化才有意义；而没有语言，文化就不可能存在。如何处理文本中的文化因素，尤其是源语文化与目的语文化差异较大的文本是每位译者都必须要考虑的因素。作为源语的信息发送者，译者对现实世界的认识与译文读者即信息接受者是不同的，两者之间并不一定有对应关系（Reeves 1994）。如何处理这种由于文化差异而产生的不对应现象，译界存在着两种不同的翻译策略：异化（foreignization）和归化（domestication）。

这两个术语起源于德国哲学家梅切尔对翻译与翻译理论之间不可分割的关系的探讨，认为翻译策略有两种：一是译者让读者向作者靠近（"the translator leaves the author in peace as much as possible, and moves the reader toward him"），另一种是译者让作者向读者靠近（"the translator leaves the reader in peace as much as possible, and moves the author toward him"）。在此基础上，美国翻译理论家韦努蒂（Venuti 1995）在其著作《译者的隐身》中对这两个概念做了进一步阐释：归化法将原作者带入到目的语文化，使译文文本符合目的语语言的文化价值观，采取了民族中心主义的态度；而异化法则把读者带入外国情境，让读者接受译文文本的语言和文化差异，采取了民族偏离主义的态度（邱能生，邱晓琴 2019）。他认为异化是不打扰作者，让读者向作者靠拢；而归化则是要打破源语规范，保留目的语的规范，让作者向读者靠近。因此，所谓"归化"翻译，就是以目的语文化为导向，对源语文化中的"异质成分"进行处理，在目的语文化中寻找意义相同的对应表达，以适应译文读者的表达习惯和知识背景。而"异化"翻译是采用与目的语迥然不同的言语风格，保留了源域的文化色彩，能够使读者免受目的语的语法习惯、文化特征干扰，亲自体会原汁原味的异域文化。

对于如何处理翻译中的文化差异,译界的争议一直存在。韦努蒂力主采用异化译法,因为这样可以"抵御目的语文化占指导地位的趋势,从而突出文本在语言和文化这两方面的差异"。他反对英美惯用的归化译法,主张翻译中应该体现源语和目的语在语言和文化上的差异,以实现平等的文化交流。可见韦努蒂的异化观是基于其反对语言文化霸权、促进全球文化平等的观点之上的。作为归化译法的代表,奈达提出了功能对等(functional equivalence)这个概念,将原文文本的读者理解和欣赏的方式与译文文本的接受者的理解和欣赏方式加以比较,译文基本上应是与源语信息最接近的自然对等,以期在翻译中消除语言和文化的差异。归化翻译可以是忠实原则下的归化,即对等译法,即从目的语中寻找与源语语义相近或效果相似的语言表达,使译文自然、直接、形象生动,提高译文的接受度和可读性,也可以是非忠实前提下的归化,即意译法,当源语表达的文化特征不能通过直译传达的时候,就应该采取意译,寻找两种语言和文化融通的共同点,既要通达地传达源语的深层含义,又能体现目的语的语言特点,使两种语言和文化和谐发展。

国内不少学者近十几年来也对归化与异化问题重新进行了反思。他们在当前的文化研究热潮和全球化语境下对翻译策略进行研究,指出翻译本质是传播,是一种跨文化的信息交流与交换的活动,认为在处理含有文化因素的表达时,译者应首先尽量考虑使用异化法,如果仅用异化法无法让读者理解原文信息,可在异化基础上加上释意;如果用这两种方法译文还不够理想(如译文过长、不够通畅或者不易为读者理解等),则可考虑使用归化法。所以,异化是首选,其次是异化加释意,而归化则是在前两种方法均不尽如人意的情况下最后的选择。这实际上是与处理直译与意译总的原则——能直译

第三章　理论基础

尽量直译，无法直译时则意译——是一致的（郭建中 1998）。

虽然随着两种文化接触的日益频繁，以源语文化为归宿的原则（即异化法）将越来越有可能广泛地被使用，但归化与异化两种翻译策略都有其存在的价值，都能在目的语文化中完成各自的使命。选择何种策略以及相关的翻译方法，译者还需考虑源文文体类型以及译文读者对文化的感知力。

2. 目的论与读者接受论

源语文本的类型不同，文本的功能就有所差别，译文的目的也不同。功能翻译理论首次提出将文本功能列为翻译批评的一个标准，主张把翻译行为所要达到的特殊目的作为翻译批评的新模式，即从原文和译文两者功能之间的关系评价译文。在此基础上产生了翻译目的论，强调翻译方法和翻译策略必须由译文预期的目的或功能决定。20 世纪 90 年代初，德国学者克里斯蒂安·诺德出版了《目的性行为——析功能翻译理论》一书，进一步拓展了该理论。它的核心是目的原则和忠诚原则。根据目的原则，翻译行为所要达到的目的决定整个翻译行为的过程，功能翻译理论将它视为翻译中的最高法则，它意味着任何一项翻译实践都得由它的目的决定，即"目的决定方式"。这就是说功能翻译理论不受限于任何一个单个的翻译标准，一切以目的为准则。它的忠诚原则不同于对等理论中的忠实，指原文和译文的对等，而是指原文作者、翻译活动发起者和译文读者之间的多边关系，要力求这几种关系在译文中达到一致。

目的论以翻译目的为核心，同时兼顾原文作者、翻译活动发起者和译文读者之间的多边关系，指导译者在翻译时从翻译目的着手，不同的翻译策略，如归化和异化都只是实现目的的手段，需要时则及时采用（文军，高晓鹰 2009）。

当代著名翻译理论家奈达强调翻译要以"为读者服务为中心"，得到广泛的认同和接受。读者的地位和作用成为译者需要考虑的一个重要因素。传统上，有学者把读者看作消极被动的接受者，将他们分为三类：很有文化、略有文化和没有文化，根据不同的读者类型决定翻译策略与方法。如当译文读者是很有文化的读者群时，宜采取异化为主的策略。若读者是略有文化或没有文化的读者群时，则采用归化译法为主，以减少译文读者的理解困难。这似乎满足了不同层次读者群的需要，但却忽略了他们的认知能力，尤其是归化译法，不仅牺牲了源语文化，掩盖了文化差异，也让译文读者错过了解外部世界和理解学习异国文化的机会，有碍于文化的接触、碰撞和融合。

接受理论为翻译原则的选择和运用打开了一个新的视野。它最初是一种当代文学批评理论，把作品与读者的关系放在文学研究的首要地位来考察，认为文学作品只有通过读者的阅读实践和参与才具有意义和生命力，充分肯定读者对作品意义和审美价值的创造性作用。翻译界在如何看待译文读者的作用和地位方面借鉴了这一思想，并直接影响了译者对翻译策略的选择。读者接受理论认为译文读者对译文也不是消极被动的接受，而是会发挥自己的主观能动性，对译文进行积极的再创造。译者应将读者放在重要的地位加以考虑，充分肯定其主观能动性和理解接受能力，遵循异化为主原则进行翻译，去引导、启迪译文读者，而非一味地采取归化译法，去迁就适应译文读者（穆雷 1990）。

另外，此理论的期待原则对翻译也具有借鉴意义，即真正的译文读者应该具有期待视野，而读者的期待视野反过来又影响读者对译文的接受。换言之，如果译者把译文读者看成是具有期待视野的积极接受者，即具有理解和接受异域文化的要求和心理准备，并有一定的审美情趣和理解接受水平，其阅读译作的主要目的就是开阔视野、了解源语的社会文化和风土人情，那么，他就会采取异化译法，尽可能再现原作风貌，尽可能把源语文化传达给译文读者。当译文读者在阅读过程中碰到未曾接触过的源语文化因素时，他就会借助注释或上下文等阅读手段或通过请教他人去理解，接受这一事实并存入自己的知识结构，不断地矫正和扩展自己的期待视野，等以后再遇到类似的文化因素时，他就会调动自己的记忆储存。这样，文化差异便不再陌生，不再构成理解和交流的障碍，并可能产生与源语读者相近的反应（即功能对等或近似）。随着阅读量的增大，译文读者的视野会不断拓宽，对源语文化的了解和存储会不断增加，理解、接受和运用源语文化的能力也随之不断增强。由此，传递源语信息，促进相互了解，增进文化交流，启迪教育译文读者的翻译目的也随之真正变成现实（穆雷 1990）。

3. 认知对等

认知隐喻理论的提出使传统的基于策略的隐喻翻译方法受到质疑。它指出"人类的概念系统在本质上是隐喻的"，隐喻在日常生活中普遍存在，不仅"体现在语言层面"，还存在于"人类思想和行为中"（Lakoff &Johnson 1980：3-4）。概念隐喻理论强调"概念隐喻"存在于思想层面，并将隐喻的语言表达与概念隐喻加以区分。这种观点逐渐应用于翻译研究和隐喻的翻译，学者们开始在认知框架内研究隐喻的翻译，将隐喻看作是人类认知过程的产物，是人们基于特定文化的经验来进行概念化的主要途径。为了实现翻译对等，译者必须考虑源语与目的语所处文化的异同，并意识到隐喻翻译过程中概念隐喻而不是语言隐喻的重要性（Mandelblit 1995）。

在翻译理论领域，翻译对等一直是一个颇具争议的问题，包括它的性质，定义，适用性和相关性都引起了翻译学者和实践者的激烈争论（House 1997）。有一批学者将翻译纳入语言学学科，赞成采用语言学方法进行翻译。他们将对等定义为句法、语义和语用层面上的对称关系（Jakobson 1959；Catford 1965；Vinay & Darbelnet 1995）。例如，将翻译中的对等定义为"复制与原文相同的情况，同时使用完全不同的措辞"（Vinay & Darbelnet 1995：342）。后来又提出了语义和语用对等，并建议原文本和目标文本应该具有相同的功能（House 1977）。功能对等不仅包括指定意义对等，还包括感情意义和风格对等（Nida 1964；Nida & Tedar 1969）。近期学者开始强调文化在实现翻译对等中的重要性，认为对等受各种语言和文化因素的影响，主张侧重于面向目标文本的翻译过程（Baker 1992：6）。特别是在20世纪90年代之后，人们开始采用更加面向目的语的翻译过程，重点关注文本的文化、社会、政治和历史因素在翻译过程的作用。

因此，对等是一个颇具争议的概念。源语言和目的语之间在词汇层面实现对等是不可能的，因为每种语言的语义系统不同（Evans & Green 2006），而在语篇层面实现对等的观点又太含糊，以至于没有任何意义（Snell-Hornby 1995：20f）。大多数赞成使用该概念的翻译理论家都认为实现对等的翻译单位应该介于词汇和整个语篇之间，但它的性质与范畴还有待探讨。认知语言学提出后，少数学者试图从认知的角度来定义翻译对等。认为译者的主要职责是保证原文对原文接受者产生的认知效果与译文对其接受者产生的认知效果近似

(Lewandowska-Tomaszczyk 2010：23)，指出："翻译者所做的是将他们在听到或阅读原文本时产生的心理模型在目标文本中转换为适合目的语言受众，同时最忠实于原始的、预期的意义的心理模型"（2010：108）。只有通过这种认知过程，译者才能实现认知对等，正如以下对认知对等的描述："认知对等是翻译实践期间在译者大脑中形成的比较认知过程的结果，涉及两个文本及其各自的接收。它的核心作用是提供评价标准，为翻译工作中的决策提供直接的指导。"（Sickinger 2017：226）

语言中隐喻的共性是不可否认的；然而，一些概念隐喻被认为是普遍的或为多种文化共享，因为它们基于人类共同的身体经验，或者由于某些其他原因在人类文化中或多或少地具有普遍性，而其他概念隐喻则是特定文化所独有的。这就是为什么在翻译过程中实现目标文本中的文化和认知对等是最棘手的问题之一，特别是当不同语言的隐喻之间没有一对一的语言和语义对应时。因此，译者需要翻译隐喻表达隐含的概念隐喻而不是隐喻表达本身。但是，大多数特定概念，甚至许多基础性概念，都不是通用的，不能期望在任何一种语言中出现。

根据翻译的认知视角，Mandelblit 提出了"认知翻译假设"（Conceptual Translation Hypothesis，简称 CTH），指出隐喻翻译过程中只有语言转换是不够的，在不同的本体论之间同时存在着概念上的转变（1995：486）。为了实现翻译中的认知对等，译者首先必须"意识到不同语言会采用不同的概念映射，需要将源语的概念化转换为目的语所采用的方式。为此，他区分了语言之间两种不同的认知映射情况：相似映射条件（Similar Mapping Conditions，简称 SMC）和不同映射条件（Different Mapping Conditions，简称 DMC）。前者基于新概念和现有概念之间的相似性，后者建立在新概念和现有概念之间的差异性基础上。"CTH"理论的基本假设是译者需要更多的时间和精力来翻译隐喻，因为他们需要"在源语和目的语的映射系统之间进行概念转换"（Mandelblit 1995：491-493；唐韧 2008），而所需的具体时间和精力取决于两种语言中隐喻表达的源域和目标域的相似或不同程度，取决于源语隐喻所蕴含的文化经验和语义联想为目的语读者所共享的程度。因此，隐喻翻译的困难不是目的语中缺乏对等词项，而是源语和目的语两个社会中对相同的物体或世界文化概念化的相异性。相异性决定源语和目的语隐喻认知映射条件的差异程度，包括相似映射条件的隐喻，有相似映射条件但词汇形式不同的隐喻以及不同映射条件的隐喻。第一类隐喻翻译是翻译源自共有的人类经验，具有文化通用性的源语隐喻；第二类与源语和目的语中的同一概念领域相关，但语言文化差异性导致词汇选择上的差异；而第三类是指具有文化独特性的源语隐喻的目的域不同于其译语对应形式的目的域。差异度越大，译者就需要经历越复杂的认知过程，考虑语言之间的概念转换，寻找认知对等语。

寻找认知对等语，就是在目标文本中选择能最大程度象征或描绘由源文本触发（或激活）的概念场景的目的语。概念场景的构建是由源文本开始的，基于"共享的，传统的，在某种程度上也许是理想化的知识网络，嵌入到文化信仰和实践模式中"（Taylor 1995：23）。用不与目的文化相冲突的目的语概念场景代替源语概念场景时，概念场景的不同维度将成为实现翻译对等的各种参数，而它们的不同配置会产生不同概念化的语篇的独特特征，而语言方面的特性涉及特定维度的个体配对，以及它们在特定语言中的语言实现。因此，翻译对等在概念层面实现，确定为概念场景的对应关系，有时需要选择在任何"语言"层面上似乎都无法比拟的"等效"元素。译者在进行隐喻英汉互译时,应该意识到认知和文化问题,仅仅精通两种语言是不够的,还应该熟知两种文化,以更好地译出文化内涵性隐喻。

三、小结

隐喻的具身性使它在不同文化中的跨域映射既具有普遍性又存在差异性。其差异性体现在语言和认知等不同层面,译者需要考虑在译文中如何使用恰当的语言表达再现源语隐喻构建的概念场景,以期达到认知对等,使译文取得与原文隐喻相同的交际功能。基于翻译是跨文化信息交流的视角而提出的异化和归化这两种不同的翻译策略,为解决隐喻翻译的困难提供了途径。选择哪种策略,译者还需要考虑源文本的产生和传播的语境、文本的交际目的以及译文读者的接受程度。

第四章　研究方法

本章内容主要介绍《习近平谈治国理政（第一卷）》的翻译方法和它所遵循的翻译原则，陈述本书研究的过程并描述具体的研究方法和使用的工具。

一、译本的翻译性质和原则

《习近平谈治国理政（第一卷）》收入了习近平总书记在党的十八大闭幕后至 2014 年 6 月 13 日期间的重要著作，共有讲话、谈话、演讲、答问、批示、贺信等 79 篇，分为 18 个专题。其英译本为国际社会了解当代中国和中国共产党提供了重要文献。这 18 个专题包括（1）坚持和发展中国特色社会主义，（2）实现中华民族伟大复兴的中国梦，（3）全面深化改革，（4）促进经济持续健康发展，（5）建设法治国家，（6）建设社会主义文化强国，（7）推进社会事业和社会管理改革发展，（8）建设生态文明，（9）推进国防和军队现代化，（10）丰富"一国两制"实践和推进祖国统一，（11）走和平发展道路,（12）推动构建新型大国关系,（13）做好周边外交工作，（14）加强与发展中国家团结合作，（15）积极参与多边事务，（16）密切党同人民群众联系，（17）推进反腐倡廉建设，（18）提高党的领导水平，涵盖中国发展的方向道路和既定目标、实现目标的动力、

第四章　研究方法

"五位一体"的布局，关涉国家强盛的国防和祖国完全统一、外交、中国和平发展道路、党的领导和执政党建设（李君如 2015）。

这部著作是国家领导人的重要论述，属于中央文献。它的翻译工作是我国对外宣传工作的重要组成部分，是中国对外话语体系建设的支撑性元素，是让世界真正认识中国的重要途径，对于中国积极参与国际思想文化交流、增强在国际舞台上的话语权，具有战略性意义。做好这本书的英译翻译，"既有利于减少国际社会误解，实现化异求同，让国际社会更准确全面地了解中国的治国理政设想、改革发展思路以及具体政策内容，又能为中国外交、新闻、外宣等一线工作人员提供统一规范化表述的文本依据，提高对外话语体系内在一致性"（霍娜 2014）。

考虑到它的体裁特性，这本书翻译的核心任务是将习近平新时代中国特色社会主义思想这一政治话语完整准确地介绍给外国的读者。译者需要透彻地了解原著含义，正确地解读相关的政治理念和国家的基本国策。但忠实的原则不是指字面的忠实，而是对实质内容的忠实。"忠实的是中国文化的本质精华，是中国和平发展的本质愿望，是介绍中国实现和平共赢的本质期待，是反映中国渴望外国受众准确地了解一个真实中国的本质诉求"（黄友义 2015）。所以，翻译《习近平谈治国理政》要完成的不是字面的表面转化，而是文章的实质含义的传达。译者要深刻领会原著精神，读懂其中的政治理念和它所反映的中国特色。同时，译者还需关注文化差异以及读者认知心理。中国的政治观点有的外国有类似的，但缺乏对等的英语表达，有的政治观点在外国没有，涉及很多中国特有的概念。对于这种跨文化差异造成的认知不对等，译者要考虑到读者的认知水平和阅读习惯。《习近平谈治国理政（第一卷）》英译本的读者不再局限于研究中国问题的少数外国专家,而扩大到普通读者群(黄友义 2015)。他们缺乏中国问题专家对中国文化的认知,对中国的文化历史和政治背景知之甚少。如果一味地强调完整地保留中国元素,不仅达不到准确传达中国政治理念和社会文化的目的,还会给读者造成阅读困难,使他们失去兴趣,甚至引起他们的误解。

另外,原著的语言生动活泼,运用了大量隐喻表达阐释抽象的政治理念和文化思想,其中不乏具有中国特色、包含历史底蕴的词语。因此在翻译过程中,译者既要正确地理解隐喻表达所要表述的含义以及它的交际功能,保障核心内容的准确完整,同时也要考虑译文读者的接受程度,做必要的调整。

二、研究过程

本书按照以下步骤对《习近平谈治国理政(第一卷)》中隐喻表达的英译策略和接受度进行研究:首先分别识别《习近平谈治国理政(第一卷)》和它的英文译本中的隐喻表达,并手动进行标注;接着,通过对比,对隐喻翻译方法进行描述,归纳出译者使用的翻译方法并进行数据统计;然后探究原文隐喻与译文隐喻的异同是否反映了宏观上两种文化概念认知框架的异同;最后基于社会文化背景,结合原文传播中国领导人治国理政观念的社会功能解释翻译策略的交际功能,并通过权威语料库验证它们的可接受度。下面我们首先具体解释一下汉英两个文本隐喻的分析过程。

第四章 研究方法

1. 隐喻的识别

（1）原著的隐喻分析

原文本的隐喻分析包含三个阶段（Charteris Black 2004：34）：第一阶段是人工识别原著中的隐喻表达（下面的 4.3.1 章节将具体介绍识别隐喻表达所采用的步骤）；在第二阶段，对收集到的隐喻表达进行甄别，将它们按概念域进行分类。其目的是为隐喻和次隐喻提供连贯的分类，使它们的组合感觉自然，而不是研究者强加的（Dodd-Drakopoulou 2002：524）。基于隐喻表达语义域和现有的文献，共划分"行程"、"建筑"、"战争"、"生物体"（包括"人"、"动物"、"植物"）、"体育竞技"、"自然现象"、"医学"、"艺术"、"食物"、"机械"、"科学"、"商务"等 14 种源域概念，其中一些似乎是更通用概念域的特定案例，因此它们与其他类似的特定案例一起被归类在更高一级源域的子域。例如，"活动、年龄、情绪、性别、身体、亲属关系、个性、外貌和角色/职业等特定层次的源域"都被归类在"人"的源域下，而"人"、"动物"、和"植物"隐喻被归类为"生物体"隐喻。另外，我们根据汉语原著的各章节主题以及隐喻表达所在的具体语境，共确定了以下目标域：中国特色社会主义、中国梦、中国改革开放、中国经济发展、中国法治建设、中国其他各项事业的发展、生态文明、国防和军队现代化、一国两制基本国策、祖国统一、国际关系、党风建设和反对腐败等。

第三阶段涉及揭示隐喻表达蕴含的思维方式、价值观、态度和情感（Charteris Black 2004：9），目的是突出隐喻表达的社会和文化层面。为此，我们关注源域的意义焦点（Kövecses 2002：110），揭示源域在特定概念隐喻中的作用。以往研究发现某种源域具有特定功能，这种功能在一定的文化群体是被广泛接受并使用的。例如，源域"植物"通常被用来概念化经济发展的过程和特征（Kövecses 2002：17，110）。因此，通过确定源域的意义焦点，就可以推断出原著蕴含的特有的传统思维模式。这一阶段也涉及反思隐喻在语篇中的作用，特别是隐喻在反映意识形态和揭示公众对主题的看法方面的作用，进一步探讨隐喻在政治领域本身的结构和演讲者与听众之间的人际关系构建中的作用。

研究对不同隐喻种类的频率进行了定量统计，包括主导隐喻和不占主导地位的隐喻在原著中出现的频率。通过对隐喻类别频率进行比较，可以得出演讲者使用隐喻的偏好，并考虑它们凸显的功能。

（2）译著的隐喻分析

在研究中考量原著非隐喻表达译为目的语隐喻表达以及在译著中创造新的隐喻这两种隐喻翻译类型，填补了隐喻翻译领域存在的空白。译著中的隐喻表达成为分析的起点，不再是研究原著隐喻的参考点。这种方法拓宽了研究的视野，适合本书将要采用的跨文化和比较视角。换句话说，我们不会将隐喻翻译视为"单个隐喻表达的问题"，而是将其视为原著和译著的特征，与"源文化和目的文化的概念系统水平相关"（Schäffner 2004：1258）。

英文译著中隐喻表达的识别遵循了同样的步骤。首先将翻译的译文与原文匹配，使原著的每个小句与译著的小句一一对应。在原著中找到英语隐喻，并在译著中确定相应的隐喻表达。有时因为译著的结构有所改变，相应的英语表达会被取代，或者被改写，往往会对查找译著的隐喻存在误导性。因此，详细阅读原著和译著是必要的，以避免忽略翻译中的任何隐喻表达。

第四章 研究方法

2. 翻译方法的描述

将对应的汉英文本中识别出的隐喻表达进行对比,考察原著中的隐喻及其表达在译著中是否被保留、改变或省略,译著中的隐喻是否是新增隐喻。基于对以往隐喻翻译研究文献的归纳,根据以下类型对翻译方法进行了标记:

1. 译者进行对等翻译,原著的概念隐喻在译著中被保留。对等策略产生的译文包括以下情况:

(1) 译著语言表达与原著语言表达具有对等性。

(2) 译著的语言表达使蕴含的隐喻含义更加明晰化。

(3) 译著的语言表达使隐喻更加细化。

(4) 译著的语言表达方式反映了源域概念的不同方面。

根据源域概念的类型,对其进行标注,使用的标记包括"行程"隐喻 <J>、"建筑"隐喻 <B>、"战争"隐喻 <W>、"人"隐喻 <PE>、"动物"隐喻 <AN>、"植物"隐喻 <PL>、"体育竞技"隐喻 <SP>、"自然现象"隐喻 <N>、"医学"隐喻 <M>、"艺术"隐喻 <A>、"食物"隐喻 <F>、"机械"隐喻 <MA>、"科学"隐喻 <SC>、"商务"隐喻 <BU>。

2. 译者选择变异翻译,译著使用不同的概念隐喻表征相同的目标事物。

针对变异的隐喻,我们用(C:)对其进行标注。例如如果原著中的"行程"隐喻在译著中转换为"建筑"隐喻,隐喻表达后面出现的标记就是 <J>(C: B)。

3. 译者选择删除策略,原著中的概念隐喻在译著中消失。一般包含以下两种类型:

（1）用非隐喻性语言再现隐喻含义。

（2）原著中的隐喻表达在译著中被删除。

对于在译著中消失的隐喻，我们在隐喻表达后面用（D:）进行标记。如果原著的一例"行程"隐喻在译著中被取消，会出现标记 <J>（D）。

4.译著出现新增隐喻。

对于在译著中增加的隐喻表达，我们用（A:）进行标记。如新增加的"行程"隐喻表达后面会出现标记（A：J）。

这些翻译方法成为我们识别翻译策略的出发点。我们会在随后的几章分别对以上四种翻译方法进行详细的描述和阐释。

3.翻译策略的阐释

基于翻译方法的描述归纳出译者采用的翻译策略：异化、归化和等化。反思两种语言在隐喻和隐喻表达范畴上的异同，以及造成这些异同的原因。鉴于政治是人类共同的社会活动与领域，可能需要英语和汉语之间的共同经验，因此假定汉语原著和英语译著会在更高层面上共享类似的政治概念，而由于文化特殊性，在特定级别的表达上可能会出现差异。

我们推测反映共同概念基础的原著与译著中的相同或类似隐喻在传统的隐喻表达方式中会更明显，而反映文化特殊性的差异会存在于涉及文化制约的语言现象中，如习语、成语等。另外，考察译著中的隐喻主要关注它是否保留了原著的交际功能。从隐喻是否具有相同功能的角度对翻译的隐喻进行考察。研究还对不同翻译策略的应用进行了接受度评估，旨在揭示在忠实传达中国领导人治国理政理念的同时，译著是否在概念化和语言表达方面易于被读者接受。

第四章 研究方法

下面一节将介绍研究中使用的具体的研究方法和研究工具。

三、研究方法

1. 隐喻识别方法

在识别原著和译著隐喻表达的过程中，我们按照Pragglejaz小组设计的隐喻识别程序（MIP）（Pragglejaz Group 2007; Steen et al. 2010），通过细致阅读手动搜索隐喻表达，在识别中遵循以下步骤进行识别：首先阅读熟悉文本并识别词法单位，然后，对每个词汇单元进行考察，探索它在上下文的含义即语境意义是否是它的基本意义。基本意义往往与我们的身体行动有关，却不一定是语言表达最常见的意义，而是更具体的，是我们能感知到的具体意象。如果语境意义与基本意义形成对比，但与其相关，词汇单位被识别为隐喻。例如，在下面的句子中：

（1）全国广大工人、农民、知识分子，要发挥聪明才智，勤奋工作，积极在经济社会发展中发挥**主力军**<W>（C:A）和**生力军**<W>（C:A）作用。（2013年3月17日）

（2）Trust is the very foundation of both interpersonal and state-to state relations.

名词"主力军"和"生力军"的基本意义分别指代"主力作战的军事力量"和"投入作战的战斗力很强的队伍"，是"战争"语义框架下的概念。其所处的语境涉及中国社会和平发展过程中各行各业人们发挥的作用，因此它们的基本意义与其语境意义形成语义张力。"主力军"和"生力军"对战争胜利所起到的作用与各行各业对中国发展的贡献相似,因此我们将这两个名词标记为隐喻表达。类似的,在例2中名词"foundation"的基本意义是建筑物的地基,属于"建筑"语义框架内的概念,而上下文是关于信任是私人和国与国关系中的根基的论述。基本意义与语境含义并不重合,但是没有地基就没有建筑物的耸立,正如没有相互的信任就没有各种关系的长久存在,因此"foundation"被识别为隐喻表达。

除了按照以上步骤识别隐喻表达,汉语和英语中都有各自的隐喻标记语(Goatly 1997),包括"比如说"、"像"、"形象地说"、"好比"、"正可谓"、"比作"、"as…as…"、"like"等。有时引号也具有将语言表达的字面意义和隐喻意义分离开来的功能。它们会引起我们对该表达式的隐喻解释的注意。下面是汉语原著和英文译著中出现的实例:

(3)如果把科技创新比作我国发展的新引擎<MA>,那么改革就是点燃这个新引擎必不可少的点火系<MA>。(2014年6月9日)

(4)经过多年努力,我国科技整体水平大幅提升,一些重要领域跻身世界先进行列,某些领域正由"跟跑者"<J>向"并行者"<J>、"领跑者"<J>转变。(2014年6月9日)

(5)We must be as tenacious as bamboo, as described by Zheng Xie: "In the face of all blows, not bending low, it still stands fast. Whether from east, west, south or north the wind doth blast."(2014.5.4)

(6)Like spring drizzle falling without a sound, we should disseminate the core socialist values in a gentle and lively way by making use of all kinds of cultural forms.(2014.2.24)

在确定词汇单位的基本语义，区分隐喻表达的类别以及考察隐喻表达的隐喻含义是否已经词汇化的过程中，我们都借助于权威词典。对于汉语隐喻表达的识别与分类，我们使用中国社会科学院语言研究所词典编辑室编著、商务印书馆出版的《现代汉语词典》（第六版）（江蓝生等 2014），而英语隐喻表达的识别过程选择了剑桥词典的网络版（https://dictionary.cambridge.org）。

2. 隐喻的类型

在最初的研究中，研究者提出了隐喻的三种基本类型，即结构隐喻、方位隐喻和本体隐喻（Lakoff &Johnson 1980）。结构隐喻用高度构造性和简单描述性的概念去表征另外的概念。例如，隐喻"人生是旅途"就用较为熟悉、具体的旅途概念的知识结构去表征相对抽象的"人生"概念，为它提供较为完备的结构，包括"起点"、"终点"、"路径与方向"和"参与者"等认知元素。方位隐喻是运用空间方位，如上—下、内—外、前—后、深—浅、中央—外围等概念来理解其他概念系统。如"I am feeling up"和"兴高采烈"就是用"上"的方位概念隐喻性地表达"愉快的心情"。相反，悲伤与低落的心情与情绪经常用"下"的方位概念来形容。本体隐喻指实体隐喻和物质隐喻，是把经验视为实体或物质，通过后者来理解前者，可以对经验进行物质性的描写，包括量化、分类、指称和范畴化，并通过这些进行推理。本体隐喻还包括容器隐喻和拟人隐喻。前者是将非容器或边界模糊的本体视为容器，如在"她进入我们的视野"中就是把无边界的视野比作容器。拟人隐喻是赋予目标域概念人的特征与行为。

后来以上这种分类方式受到质疑，认为这种区分是"人为的",因为所有隐喻都具有结构和本体特征(Lakoff & Johnson 2003:264-265)。而方位隐喻中的空间定向产生于人类身体与物理环境的相互作用,并以我们的身体和文化经验为基础(Lakoff&Johnson 1980/2003:14),在很大程度上具有普遍性。由于诱发它们的基础是无文化差异的,在英汉之间转化没有太大障碍。对于这些我们思维概念形成的形式,绝大多数情况下在话语里面它们本身不提供有意义的信息,因此本次研究没有给予关注(叶子南 2014:59)。相反,结构隐喻和本体隐喻与产生它们的文化以及它们出现的背景息息相关,在社区认同的知识结构中发挥重要作用的若干因素,包括环境、生物、心理、发展状况、历史和社会文化元素都有可能产生结构隐喻,并影响对它们的理解与阐释(Lakoff & Johnson 1980/2003:9,12)。

本书的研究涉及隐喻在两种不同文化中的转换,关注与语言、认知和文化等方面的差异相关的隐喻翻译方法与策略,因此我们在隐喻识别中重点关注结构隐喻,同时也包括本体隐喻,而没有涉及普遍性较强的方位隐喻。我们从符号视角出发,关注隐喻表达所能激活的概念场景,基于它的结构元素与元素之间的关系,探究映射于目标话题的结构和知识,从而加强对隐喻含义的理解,分析其译文在认知上的对等程度。

另外,对于识别的结构隐喻,我们基于隐喻性被激活的程度区分了常规隐喻、新奇隐喻与互文隐喻。常规隐喻是人类长期记忆中稳定的知识表征结构。它是固化的隐喻,成为词汇意义的一部分,有些已经看不出隐喻的痕迹,但在翻译研究中,值得研究者关注,因为它们是更具包容性的文化模式,是与文化习俗、场景、故事和主要观点有关的复杂隐喻(Steen in Gavins 2014:506)。

第四章　研究方法

我们识别的常规隐喻主要包括英汉词典中已列出比喻义的词语，即词汇化的隐喻以及具有隐喻含义的习语，如谚语与成语，它们具有广泛的共识性和文化性。互文隐喻主要指特定文化中的文学作品、历史事件中产生的新奇隐喻，也涉及对已有话语中隐喻的回应和重复。在随后的几章中，我们将探讨对于常规隐喻、新奇隐喻和互文隐喻，译者倾向于采取何种翻译策略。对于具有丰富文化内涵的隐喻，译者如何在保证正确传达语义的同时，产生易于译著读者接受的翻译。

四、基于语料库的翻译接受度研究

近年来，随着计算机技术的进步，电子语料库和语料库分析软件等资源和工具快速发展，促进了语料库语言学研究方法和工具在翻译研究领域的应用，研究者能够使用更实用、更客观的研究方法对翻译作品的接受度进行研究（Cristofoli et. al. 1998）。基于语料库语言学的研究方法减少了翻译评价的难度，在一定程度上消除了大量的主观性，并使研究者能够更好地获取相关领域的核心概念和语言信息。研究者通过语料库资源获得范围广泛的真实和合适的文本，并将其作为一个基准，衡量翻译作品中目的语的语言选择和它所反映的目标文化内涵在译文读者群中的理解难易程度和认可程度。

本研究分析的《习近平谈治国理政（第一卷）》英译本的读者群包括多个母语为英语的国家，涉及讲话、谈话、演讲、答问多种题材，涵盖了政治制度、经济制度、政党建设、中国梦、社会制度、文化现象、外交政策、环境保护等各种主题，涉及政治领域、经济领域、外交领域、文化领域、科技领域内的各种知识和常识。为了保证衡量译著接受度的基准的权威性，我们选取了三个网上语料库帮助鉴定：英语国家语料库（British National Corpus，简称BNC）（http://corpus.byu.edu/bnc/）、美国当代英语语料库（Corpus of Contemporary American English，简称COCA）和iWeb语料库（the intelligent Web-based Corpus）。

BNC是英国牛津出版社、朗文出版公司、牛津大学和兰卡斯特大学计算机中心以及大英图书馆联合开发的大型语料库，于1994年建成，用以呈现20世纪后期以来的英式英语。这个来源广泛的语料库收录了一亿字的电子资源，包括书面语和口语的样本，一共4142篇文本。2008年2月20日，库容为5.77亿词的COCA在互联网上正式推出（http://www.americancorpus.org/）。COCA最初收集了自1990年起美国境内多个领域的语料，并且每年还会进行至少两次的数据更新，涵盖美国口语、小说、流行杂志、报纸和学术期刊五大类型的语料，并且在这五个类型方面基本呈均匀分布，在每五年的时段中也是基本均匀分布的。10年后，COCA的开发者打破自己创造的记录，于2018年5月发布iWeb语料库，库容高达140亿词，约是COCA的25倍、英语国家语料库的140倍，成为目前世界上最大的免费在线英语语料库（https://corpus.byu.edu/iweb/）。它含有95000个网站，提供多类检索方案。语料库中的前60000个高频词，每个词都有各自的"主页"，包括词典页面、话题页面、搭配页面、词簇页面、索引行页面和网站页面，每一个页面都可以链接到其他网页以便获取更多信息。

我们将语料库搜索的信息作为英文权威字典的补充。对于词典中没有出现隐喻含义的译文，我们通过搜索它的搭配词，以及它的索引行，找出它在真实语境中的语义是否不同于词典中的基本含义，

第四章　研究方法

且与基本含义有一定的关系，即译文在目的语文化交际语境中是否有被识别为隐喻表达的情况，还可以计算它作为隐喻表达使用的频率，从而推断出它的隐喻含义能为目标文化读者接受的可能性。

基于语料库的接受度研究具有以下特征：首先，它是基于相对较大和精心挑选的且以机器可读形式存储的自然发生的文本的集合，能够反映语言实际使用的情况。其次，因为它分析了语料库中语言使用的实际模式，它是经验的，因此是客观的，不同于研究者臆想的例子带有主观性。第三，基于语料库的方法具有计算工具和方法的优点，用于操纵语料库、安排数据的方式可以发现其他类型的资源中不能识别的项目和模式。计算机的另一个优点是它提供一致和可靠的分析。最后，基于语料库的方法结合了定量和定性分析手段：语料库中的分析工具能够生成计数语言特征，但还需要研究者负责探索和解释这些和其他数据，归纳了解语言使用的模式。由于接受度的研究没有依赖直觉、轶事证据或小样本，采用的基于语料库的研究方法为我们提供了大规模的实证研究，提高了研究的客观性和可靠性。

第五章　对等隐喻

一、引言

　　本章主要探讨译著在翻译隐喻的过程中保留原著源域概念的翻译策略和方法。我们将通过具体的实例揭示译者如何在语言层面体现原著的源域概念；对于与中国文化关系密切或具有中国特殊社会背景的源域概念，译者选择异化翻译还是归化翻译；如果选择异化翻译，译者又是如何保证译文能够实现认知对等，实现正确阐释原著政治观点的交际目的。

二、对等翻译的方法和策略

　　隐喻对等翻译指译文的源域与目标域和原文的源域与目标域保持一致，译文和原文在宏观层面具有相同的概念映射，构建了相同的概念框架。我们在《习近平谈治国理政（第一卷）》中文版中共识别出 2316 例隐喻表达。根据这些表达激活的源域的语义域，我们将它们划分为 14 种概念隐喻。出现频率从高到低依次为"行程"、"建筑"、"战争"、"人"、"运动"、"自然现象"、"植物"和"医学"等隐喻。例如在下面语段中，隐喻表达"攻坚"将改革艰难时期描

第五章 对等隐喻

述为战争中攻打敌人坚固的防御工事，属于"战争"隐喻；"加快"将前行的速度映射为改变经济发展模式的速度，"指引"将党的十八大提出的基本要求构建成为前行提供方向感的物体，一起实现了"行程"概念隐喻；而"建成"用建筑领域的成果来描述中国社会发展目标，触发了"建筑"概念。

（1）党的十八大提出的基本要求，是对当前我国经济社会发展中存在的突出问题、改革**攻坚**\<W\>和**加快**\<J\>转变经济发展方式面临的难点问题、干部群众普遍关注的热点问题的积极回应，是对我国进入全面**建成**\<B\>小康社会决定性阶段改革发展稳定、内政外交国防、治党治国治军的正确**指引**\<J\>。

表5.1 《习近平谈治国理政（第一卷）》中主要概念隐喻分布及其对等翻译情况

概念隐喻	数量	对等翻译频率和比例	概念隐喻	数量	对等翻译频率和比例
行程隐喻	1027	718/69.9%	医学隐喻	45	33/73.3%
建筑隐喻	469	454/96.8%	艺术隐喻	28	19/67.9%
战争隐喻	203	141/69.5%	动物隐喻	22	17/77.3%
人隐喻	176	158/89.8%	食物隐喻	14	11/78.6%
体育竞技隐喻	173	166/96%	机器隐喻	12	10/83.3%
自然现象隐喻	85	41/48.2%	科学隐喻	9	5/55.6%
植物隐喻	52	49/94.2%	商务隐喻	1	0

在翻译过程中，保留原有的跨域概念映射是译者最常采用的翻译方法。从表5.1中可以看出除了"自然现象"、"科学"、"商务"隐喻，其他隐喻种类的译文有69.5%至96.8%都保留了原文宏观层次

上的概念映射，即原文隐喻表达触发的行程、战争、建筑、自然现象这些语义概念域在译文中得以再现。如果汉英两种语言有相对应的语言表达，宏观的认知对等以及在微观层面的语言对等都能实现。如"建设"与"build"分别是汉语和英文中描述建筑过程的动词，而"道路"和"path"是汉英文化中表达基本概念"路径"的常规词汇，都属于用对等的目的语表达完整地保留了原文跨域映射的翻译方法，属于等化的翻译策略。

有时译文虽然沿用了原文的源域，但却附加了某些语言表达，包括"as if"、"like"等明喻标记语，将隐喻转换为明喻，突出了跨域映射中的源域概念，例如在下面的话语中，社会主义核心价值观的传播过程被映射为春雨，将春雨的特征"细无声"映射为宣传工作的潜移默化。原文"润物细无声"出自中国古诗词，语言层面上体现了源域特征，译文通过使用明喻，在语言表达"spring drizzle"和"falling without a sound"中将源域概念"春雨"与其重要特征进行显化，便于不熟悉中国文化的译文读者理解。

（2）原文：要润物细无声<N>（M-S），运用各类文化形式，生动具体地表现社会主义核心价值观。（2014年2月24日）

译文：Like **spring drizzle falling without a sound**<N>, we should disseminate the core socialist values in a gentle and lively way by making use of all kinds of cultural forms.

而在提及不同文化背景与不同发展程度国家之间的关系时，汉语成语"同舟共济"阐释了各国求同存异的政治主张。译文将其转化为明喻"as passengers in the same boat"，把各国构建为在一只船上的乘客。基于人们对乘船旅行的常识，一船乘客会经历同样的旅程，

第五章 对等隐喻

到达同样的目的地,强调了各国寻求发展的目标一致,并会面临同样的困境,只有求同存异,进行合作,才能顺利到达目的地。因此,译文明喻的运用突出了政治主张的理据。

(3)原文:求同存异,就是要本着**同舟共济**<J>(M-S)的精神……(2013年6月13日)

译文:Control their differences in the spirit of sharing and mutual assistance, <u>as passengers in the same boat<J></u>.

有时,译文使用与汉语隐喻表达相对应的英文表达得以保留宏观的概念映射,同时还添加了原文在语言层面没有体现的目标域概念。在下面的例子中,译者将"动物"隐喻表达"老虎"和"苍蝇"分别表征的"腐败的高级和基层官员"在破折号后面用文字进行了解释,可以帮助不熟悉中国国情的译文读者理解中国反腐工作的主要内容。

(4)原文:坚持"老虎"<AN>、"苍蝇"<AN>一起打(2013年4月19日)

译文:catching "**tiger**" <AN> as well as "**flies**" <AN> –<u>senior officials as well as junior ones guilty of corruption</u>

类似地,译文对成语"长江后浪推前浪"也采取了添加文字,将目标域概念明晰化的方法,译为"The waves behind drive on those before, and the younger generation will excel the previous one",把成语隐含的喻义明确地表达出来,消除了译文读者对成语理解的障碍,有助于原文意义的传达。

有时为了强化原文的交际功能,译者在显化原文源域和目标域概念的同时，还增加信息用来凸显原文喻义。如例子（5）中原文的成语"无源之水"和"无本之木"一般比喻没有基础的事物，它属于"自然现象"隐喻，将发展描述为流水和树木，而和平被描述为流水的源头和树木的根，表明发展是和平的基础。译文除了再现两对源域概念和目标域概念之外，通过增加表达"out of the question"，凸显了"没有和平，就没有发展的可能"的意义，强化了和平发展的政治理念。同样地，例子（6）中中国被描述为鸟，而网络安全和信息化被描述为鸟的双翼。我们都知道没有双翼鸟就无法飞行，而译文增添文字"as important as"将网络安全和信息化的重要性进行了强化。例子（7）中的"医学"隐喻表达"头痛医头、脚痛医脚"所表征的应对各类潜在安全威胁的方式与"统筹谋划"的方式相反，译文增加的文字"a fragmental and palliative approach"恰恰凸显了这种方式的特征和弊端。

（5）原文：没有和平，发展就是**无源之水** \<N\>、**无本之木** \<N\>。（2013年10月7日）

译文：Without peace, development is out of the question, **like water without a source and a tree without roots**.

（6）原文：网络安全和信息化是**一体之两翼** \<AN\>、**驱动之双轮** \<MA\>（D）。（2014年2月27日）

译文：Cyber security and IT application are as important to China **as wings are to a bird**.

（7）原文：又要统筹谋划如何应对各类潜在的安全威胁，避免**头痛医头、脚痛医脚** \<ME\>。（2014年5月21日）

译文：And avoid **a fragmental and palliative approach** that

第五章　对等隐喻

only treats the symptoms.

例子（7）的成语"头痛医头、脚痛医脚"形容只医治疼痛的部位，不追究病根。比喻处理问题不从全局考其根本，什么地方有问题就在什么地方解决，临时应付。译文减少了概念场景的细节，即把头痛和脚痛等具体的病症取消，用它们共同的上义词"病症"取代，强调了它们的共同缺陷：治病只注重表面的局部病症却不考虑整体状况，忽略了疾病根源，并以此强调如果应对各类潜在安全威胁的规划欠统筹，就不能从根本上解决问题。因此，省略概念域中的某些细节并没有影响传达原文的含义。类似的情况还包括把"还需要爬一道道的坡、过一道道的坎 <J>"翻译成"The road ahead is neither smooth nor straight"，同样能传达原文意欲强调的未来发展会充满困难的预见。

另外，在保留原有源域的情况下，译文有时会更改原有的概念场景。例如，在谈到深化改革面临的难题时出现了习语"啃硬骨头"。"硬骨头"一般在汉语中形容艰巨的任务，而动词"啃"表达了政府克服改革困难的决心。译文"crack hard nuts"属于英文习语，比喻应对难以解决的问题。其中"坚果"（hard nuts）替代了"硬骨头"，它们是源域语义域"食物"的下义词，因此译文虽改变了"食物"概念的细节，但由于含义与原文相同且为译文读者所熟悉，不会影响原文意义的传递。

可见，译文在保留原有源域的过程中会出现五种情况：

第一，译文的源域与目标域在宏观上与原文一致，且采用了与原文对应的语言表达体现；

第二，译文的源域与目标域在宏观上与原文一致，添加明喻标记语，隐喻转化为明喻；

第三，译文的源域与目标域在宏观上与原文一致，同时在语言层面体现原文源域的更多细节；

第四，译文的源域与目标域在宏观上与原文一致，同时减少原有源域的细节；

第五，译文的源域与目标域在宏观上与原文一致，同时更改原有源域的细节。

这五种方法与 Schäffner（2004：1259-1267）提出的五种翻译方法大部分都重合，包括微观和宏观层面同时对等的翻译方法以及宏观层面对等但微观层面增加和改变细节的翻译方法，但是增加了隐喻变成明喻以及在微观层面减少原有源域细节的方法。

下面，我们就以出现频率最高的"行程"隐喻为例，详细地探究常规"行程"隐喻、新颖"行程"隐喻以及互文"行程"隐喻在译文中保留原文源域的同时，采用何种翻译策略和方法既完整地传达原著信息又易于译文读者接受。

三、"行程"隐喻的对等翻译

"行程"隐喻可以归因到路径图像模式。这种模式基于我们对于空间运动的物理经验，包括"起点"、"目的地"、"连接两者的路径"以及"运动方向"。这一意象图式提供了一种隐喻式的方法，将"目标"构建为"目的地"，"实现目标的方式"被描述为"前进的路径"，"需要面对的问题"成为"移动的障碍"，"成功或失败"被建构为"达到或不能达到目的地"。这种基本的意象图式为宏观层面的概念"行程"域提供了更为复杂的概念结构，包含了更加丰富具体

第五章 对等隐喻

的关于"前行者"、"前行方式"、"前行障碍"等概念元素的文化知识（Semino 2008：92）。这种为人熟悉的、复杂的概念框架被用来构建许多抽象而复杂的概念，如情感（Lakoff & Johnson 1980：44）和生命（Lakoff & Turner 1989）。在这些跨域映射中，"行程"被看作是典型的有目的的活动，涉及物理空间中从起点到终点或目的地的运动，被重新表述为"沿着通往目的地的道路前进的有目的的活动"（Lakoff 1993）。后来，研究者将其纳入政治概念隐喻："有目的的社会活动是沿着特定道路前往目的地的行为"（Charteris-Black 2004：74）。

在《习近平谈治国理政（第一卷）》原著中共识别出 1027 例"行程"隐喻，即每千字中就出现 1 个"行程"隐喻，成为原著中使用频率最高的隐喻。译文中 69.9% 的"行程"隐喻采取了对等翻译的方法，即译文用"行程"概念框架中的概念元素去映射谈论的主题，形成与原文一致的宏观映射。

丰富的汉语表达在原文中构建了较为完整的"行程"概念场景，包括"路径"和"方向"场景、"前行"和"后退"的场景以及"促进前行"和"阻碍前行"的力量。另外，还有涉及"完成行程的各类人物"以及"行程的不同方式"等概念场景。建构这些概念场景的语言频率出现最高的为常规汉语隐喻表达，包括词汇化的隐喻表达，即字典中已经收录的比喻义，包括成语等习语形式以及惯用的隐喻表达。它们在译文中被表达为相应的英语常规隐喻表达。下面，我们就分析常规隐喻表达构建的各种行程概念场景如何在译文中被再现。

1. 常规"行程"隐喻的对等翻译

常规"行程"隐喻表达构建出"路径"、"前行"、"后退"等概念场景。"路径"场景在中国国家领导人著作中通常用来表征国家发展的整个过程,既包括宏观发展历程,也涉及各个领域发展过程以及各项政策的实施过程。它包括起点、中间阶段和目的地,隐喻性地建构了国家总体发展以及各个领域发展的初衷、发展方式和发展的目标,以及各项政策制定和实施的整个过程。

表5.2 常规"行程"隐喻中的"路径"场景与翻译

汉语隐喻表达	英文翻译	出现频率	对等翻译频率	实例
起点	the starting point	8	7	两岸关系已站在新的起点 <J> 上（2013年3月25日）Cross-Straits relations are at a new **starting point**
出发点	the starting point	7	7	要把竭诚为职工群众服务作为一切工作的出发点 <J> 和落脚点 <J>（2013年4月28日）we should make providing dedicate services to people as **the starting point** and goal of all the work of the trade unions
道路	path	123	105	我们党团结带领全国各族人民沿着 <J> 中国特色社会主义道路 <J> 继续前进 <J>（2012年11月17日）party will lead the Chinese people of all ethnic groups in marching along the **path** of Chinese socialism

第五章 对等隐喻

(续表)

方向	direction, course	62	52	改革开放是一场深刻革命，必须坚持正确方向<J>（2012年12月31日） reform and opening up is an in-depth revolution, and we must follow the correct **direction**<J>
路	path, way, course	18	18	改革开放是坚持和发展中国特色社会主义的必由之路<J>（2012年11月17日） reform and opening-up is **the only way**<J>leading to Chinese socialism
途径	channel, way, vehicle	15	14	着力推进合作，为促进共同发展提供有效途径<J>（2013年4月7日） we should boost cooperation as an effective **vehicle** for enhancing common development
路线	line	12	11	它们有三个基本方面，这就是实事求是、群众路线<J>、独立自主（2013年12月26日） they feature three basic tenets-seeking truth from facts, the mass **line** and independence.
轨道	track, path	3	3	把国家各项事业和各项工作纳入法制轨道<J>（2012年12月4日） bring all state undertaking and work onto the **track** of the legal system
正道	the right way	1	1	诚实守信、坚守正道<J>（2013年9月26日） some are honest and trustworthy, and keep to **the right way**<J>

"行程的起点"由名词"起点"和"出发点"实现，前者比喻

事物的开端，后者比喻最根本的地方，两者都被译为"the starting point"。英语名词短语"the starting point"词典中的释义为"某事物开始的地方或位置"（a place or position where something begins），在英语语料库 BNC 中共发现 4864 个实例，根据搭配词语境判断，只有 43 例用来描述行程的起点，其他被用在政治、经济、教育各个领域，表征事件的开端和起源。在中国国家领导人政治话语中"起点"主要指各项工作的开端，"出发点"主要强调党的各项工作的起源，即主要考虑的因素，也就是各项工作的根本点。例如，在阐述"一国两制"，谈到两岸关系时，将两岸关系发展的新阶段定义为新起点，在论述工会的工作重点时，将为群众服务这一工作要点描述为工会工作进程中的出发点，分别强调了两岸关系进入新时期的历史现状，以及工会组织的重要功能。译文选择了与之相对应的英文隐喻表达，语料库显示其具有与原文相同的隐喻含义，能够准确地传达原著的政治含义。

原文中表征行程中间阶段的词汇更加丰富。"道路"、"途径"、"路线"、"轨道"和"正道"这些词汇化的隐喻表达反复出现（见表 5.2），不断构建出"路径"场景，表征中国发展必须坚持的根本制度，以及展开各项工作必须遵守的基本原则，如实现中国梦必须坚持"中国特色社会主义道路"，在对外关系中促进合作是实现共同发展的唯一"途径"，"一个中心，两个基本点"是党在社会主义初级阶段的基本路线等。它们在译文中被相对应的词汇化英文隐喻表达所替代，包括"path"、"channel"、"way"、"track"、"line"。名词"path"使用的频率最高，它是政治语篇中经常出现的行程隐喻表达。其他四个名词作为"path"的近义词，都有类似的指称"道路"的基本语义，同时也具有"完成某事的方式"、"事物发生的方式"、"事

第五章 对等隐喻

物发展的方向"、"处理事物的方式"等隐喻性语义。其中,"track"出现在英语习语"on the right track"中,修饰成分"right"凸显其所映射的目标域,即发展方式的正确性,坚持贯彻下去会带来裨益。单音节汉字"路"在原文中与其他汉字搭配组成复合词,包括"老路"、"新路"和"必由之路"。前两者分别隐喻性地表征旧的发展模式和各领域的老政策、适应中国新形势的新政策、新制度、新模式,而"必由之路"形象地指出中国发展必须经历的过程,即中国特色社会主义。在译文中,它们分别对应"the old path"、"a new road"以及"the only way"和"a sure route",如:

(8) 原文:**老路** <J> 走 <J> 不通,**新路** <J> 在哪里?就在科技创新上。(2014年6月9日)

译文:The old **path** <J>seems to be a dead end<J>. Where is the new **road**<J>? It lies in the scientific and technological innovation.

(9) 原文:中国特色社会主义**道路** <J>,是实现我国社会主义现代化的**必由之路** <J>,是创造人民美好生活的必由之路<J>。(2012年11月17日)

译文:The **path**<J> of Chinese socialism is the only **way** <J> to achieve China's socialist modernization and create a better life.

在BNC语料库中,名词"route"的隐喻含义在多种语境下使用,如:"the line of authority is the route followed"、"the route to prosperity is seldom on the backs of tormented people"与"work came to a halt at Gumley due to disputes about the proposed route",都是

用行程中的路径表征特定的方式方法。同样地，名词"road"在语料库中也出现了隐喻的用法，在政治领域比较显著，如"When the road to compromise is exhausted, then war begins."、"the Chancellor mapped out yesterday what he hopes is Britain's road to recovery"以及"the whole event passed by smoothly finally visiting the Israeli Embassy which being up a private road caused the only slight temporary hold up"。

另外，负面词语"死路"在路径场景中描述走不通的路，常用来比喻带来毁灭的途径，英文中有对应的表达"a blind alley"。在原文中，它出现在否定条件从句之后，阐明不坚持当前基本国策和主要工作的负面后果，在译文中采用对应的英文表达，构建了相同的概念场景，忠实地传达了原文的政治意图：反映坚持当前制度和基本国策对整个民族的重要意义。

（10）原文：不坚持社会主义，不改革开放，不发展经济，不改善人民生活，只能是**死路**<J>一条。（2013年11月9日）

译文：If we did not adhere to socialism, implement the policy of reform and opening to the outside world, develop the economy and raise living standards, we should find ourselves **in a blind alley**<J>.

此外，"路径"场景与"行程"隐喻创建的其他次要场景一起使用，例如与名词短语"快车"激活的行程模式结合形成新奇隐喻表达"快车道"。人们基于对专供快速行驶用的车道这种事物的认识，会推断出在快车道上行驶的车辆不会受到阻碍，前行的速度会加快，这就映射了它所表征的目标域事物的高速、顺利发展，如下面例子中的中非关系：

（11）原文：今天，在双方共同努力下，中非关系已经进入全面发展的**快车道**<J>。（2013年3月25日）

译文：Today, thanks to the concerted efforts of both sides, China-Africa relations are on **a fast track**<J> of all-round development.

译文中的"a fast track"是非正式的英语短语，形容"实现目标的最快捷和最直接的途径"，很好地传达了原文对中非关系快速发展的描述。

习近平在省部级主要领导干部学习贯彻十八届三中全会精神全面深化改革专题研讨班上，使用"万里长征走完第一步"来阐述如何提高运用中国特色社会主义制度有效治理国家的能力。它包含了两个概念隐喻，宏观上将提高中国特色社会主义制度治理国家能力的过程建构为万里长征，同时把这一过程中的任何进展，包括制定文件形容为前进的步伐。前者属于新奇隐喻，译文采用了异化策略，即"the long march of thousands of miles"；后者属于常规隐喻，在译文中采用了相应的英文常规隐喻"step"。

（12）原文：制定出一个好文件，只是**万里长征走完了第一步**<J>，关键还在于落实文件。（2014年2月17日）

译文：Producing a good document is only **the first step** <J>in **the long march of thousands of miles**<J>. The key is to implement the document.

我们通常会对趋向目的地的前行行为做出积极的评价。汉字"走"、"迈"、"步"作为名词或动词是汉语中用来谈论朝向目标行进的常规隐喻，也是中国政治话语中出现频率最高的"行程"隐喻表达。如实现现代化建设的阶段性目标被形容为"三步走"的战略，英文译文采取异化策略，表达为"Three-step Strategic Plan"。它们还与其他名词和介词结构组合，构建出丰富的"前行"场景，既有包括动态的前行运动，又有静态的位置与状态，分别隐喻性地描述国家发展的进程和成就。如它反复与建构"路径"场景的名词搭配，形成"走中国特色社会主义道路"、"走自己的路"、"走符合本国国情的发展道路"、"走改革开放的强国之路"、"走可持续发展之路"、"走和平发展道路"和"走别人没有走过的路"等隐喻表达，共计52例，对中国内政外交中的基本制度、基本政策、基本原则进行了准确的阐释。其中45例都采用了对应翻译方法，译为"follow/take/stride forward on /stay on/ the path of"。动词"follow"和"take"表征了行为者主动发出的行为，反映了中国政府实施相关制度和执行相关政策的决心。短语"stay on"本义指其他人都放弃或离开某处而行为人仍然坚持的含义，能够向译文读者表达出中国坚持这些基本制度和政策的决心。"stride forward"在宏观上同样建构了向前走的场景，但基于"stride"一词，在微观上对前行的步态进行了描写，突出了前行的速度，不仅语言更加生动，同时也表明了坚持基本制度的决心，以及政策实行的顺畅程度。

另外，"走"与"过"、"到"和"出"等介词组成动词短语，建构前行中完成的路程，以及当前的状态，隐喻性地描述出新中国成立以来在发展中经历的挫折和取得的成就，如：

（13）原文：中国用几十年的时间走完了 <J> 发达国家几百年走过 <J> 的发展历程 <J>。（2013年3月25日）

译文：It only took China a few decades to **travel a journey**<J> that took developed countries several centuries to cover.

（14）原文：我们的国家，我们的民族，从积贫积弱一步一步<J>走到<J>今天的发展繁荣。（2013年5月4日）

译文：From poverty to prosperity, and from weakness to strength, China has been able to **progress**<J>**step by step**<J> over centuries.

（15）原文：我国成功走出<J>了一条中国特色社会主义道路<J>。（2013年12月30日）

译文：China has **blazed a successful socialist path**<J> featuring Chinese characteristics.

英文译文分别用隐喻表达"travel a journey"、"progress from...to"、"blaze a path"，构建出相同的概念场景，即完成的行程以及其收获，表征出原文意欲传达的语义。成语"blaze a path"多形容"完成别人没有做过的事"，凸显了中国发展道路的创新性，与"成功"和"特色"这些修饰成分相互呼应，不仅阐释了中国制度的独特性，在情感上也充分体现了讲话者的民族自豪感。

另外，"走"还与介词"向"等组成动词短语"走向"，用朝着特定目的行进的行为表征中国发展的目标，阐明政府今后工作的重心，如：

（16）原文：努力走向<J>社会主义生态文明新时代。（2013年5月24日）

译文：**usher in** a New Era of Ecological Progress.

同时，"follow the path"、"advance along this path"以及"continue along this path"和"advance step by step"这些表达替代汉语表达"沿着……道路走下去"、"继续向前走"、"一步一个脚印向前走"等隐喻表达。在 BNC 和 COCA 两大语料库中 along（Fre=431, MI=5.24; Fre=1596; MI=4.32）、follow（Fre=168;MI=5.14;Fre=697; MI=4.81）以及 advance 的近义词 walk（Fre=75，MI=4.15; Fre=297; MI=3.29）是 path 主要的搭配词，在目的语中重现了沿着特定道路前行的场景，阐释了中国会继续实施同样的制度和政策。"have a long way to go"与原文中的"有很长的路要走"相对应。"a long way to go"是英文中的固定结构，意为"有很多工作要做，有很多改进要做"（a lot of work to do or improvements to make）。在 BNC 语料中，动词结构"to have a long way to go"共有 431 例，是英文读者熟知的英文表达，点明离目标还有一段距离，强调中国尚处于发展中国家的现状。

同样，动词"迈"与介词"出"、"进"、"向"以及名词"步伐"组成动词短语清晰地构建出"前行"场景及其前行的方向，阐明具体领域今后工作的重点，如发挥工人阶级作用，继续完善市场经济体制改革，继续改善两岸关系：

（17）原文：在**迈向** <J> 未来的征程上，我们必须充分发挥我国工人阶级的重要作用。（2013 年 4 月 28 日）

译文：As we **forge ahead**<J>, we must give full rein to the vital role of the working class.

（18）原文：我们应该在完善社会主义市场经济体制上**迈出新的步伐** <J>。（2013 年 11 月 9 日）

第五章 对等隐喻

译文：We should **take a new step forward** <J>to improve our socialist market economy.

（19）原文：希望两党都本着对历史、对人民负责任的态度……推动<J>两岸关系沿着正确**方向**不断**向前迈进**<J>。（2013年6月13日）

译文：I hope both parties will, displaying a responsible attitude for history and people, **move**<J> those relations steadily **forward**<J> in the right direction.

其他构建"前行"场景的常规隐喻表达还包括"前进"。原文中共有41例，译文在39处都采取了对应翻译方法。"advance"、"step forward"、"push ahead"、"forge ahead"、"march"、"proceed"和"progress"等描述前行行为的动词和动词短语交替使用，隐喻性地传达了原文对中国各项事业快速发展的表征。

与"前行"场景相对的是"后退"或"阻碍前行"的场景。这种负面场景在原文中出现的频率较少，"后退"场景主要由"落伍"、"倒退"两个词汇化隐喻表达实现，在不同语境下各出现两次。在译文中分别使用了对应的英文表达，前者为"lag behind"以及近义词"fall behind"，后者为"go into reverse on our path"以及名词化形式"retrogression"。例子（20）以史为鉴，剖析中国明末清初科技落后的根源，来阐明科技发展要服务于社会发展的理念。例子（21）同时建构了"后退"与"目标"场景，两者之间形成因果逻辑关系：阐明不坚持改革开放，不坚持发展，国家就没有好的前景。前者是回顾历史，后者是假设未来，利用同样的隐喻性场景阐释了当前政策，译文运用相应的语言表达再现了原文构建的概念场景，保留了原文意图。

（20）原文：我一直在思考，为什么从明末清初开始，我国科技渐渐**落伍**<J>。（2014年6月9日）

译文：I have been wondering about the reason why our science and technology gradually **lagged behind**<J> form the late Ming and early Qing dynasties.

（21）原文：改革开放也永无止境，停顿和**倒退**<J>没有出**路**<J>。（2013年11月9日）

译文：We will **reach an impasse**<J> if we stall or go **into reverse on our path**<J>.

"阻碍前行"场景主要由隐喻性词汇"障碍"来构建，它本意指代任何阻止前行的事物，在文中描述妨碍国内发展以及开展对外友好合作的各种因素。如：

（22）原文：当前，制约科学发展的体制机制**障碍**<J>不少集中在经济领域。（2013年11月12日）

译文：Currently, most structural and institutional **barriers** <J>hindering China's proper development are found in the economy.

（23）原文：历史和现实都表明，傲慢和偏见是文明交流互鉴的最大**障碍**<J>。（2014年3月27日）

译文：Both history and reality show that pride and prejudice are the biggest **obstacles**<J> to exchanges and mutual learning among civilizations.

第五章 对等隐喻

表5.3 常规"行程"隐喻中利于前行的场景

汉语隐喻表达	英语隐喻表达	出现频率	对等翻译频率
推动	drive, advance, push forward, driving force	101	94
推进	advance, press ahead, accelerate, push forward, explore the way to, progress, step forward, step up, press forward	154	133
加快	speed up, accelerate, move faster, race to, pick up pace	33	29

而与"阻止前行"场景相对的是频繁出现的"推动前行"的场景，在原文中由动词短语"推动"、"推进"、"加快"构建。它们基本含义都有助推、加速的语义，对应的英语隐喻表达比较丰富，包括动词"drive"、"advance"、"accelerate"和"race"，也包括动词短语"push ahead/forward"、"step forward/up"、"speed up"、"pick up pace"以及动词结构"move faster"。在中国新时代政治话语中，这种利于前行的场景主要表征有助于中国社会各方面发展的因素。中国各项事业发展的目的被描述为行程的目的地，而有利于实现目标的制度、政策等就被形容为帮助加快到达目的地的力量与因素。

（24）原文：30年来，我国宪法以其至上的法制地位和强大的法制力量，有力保障了人民当家作主，有力**推动**\<J\>了社会主义法治国家进程。（2012年12月4日）

译文：Over the past 30 years the constitution, relying on its supreme legal status and powerful legal force, has **advanced**\<J\> the building of a law-based socialist country.

（25）原文：中国将坚定不移**推进**<J>改革开放，**加快**<J>转变发展方式，坚定不移奉行对外开放政策，继续为外国企业提供更好的环境和条件。（2013年4月8日）

译文：China will make greater contribution to the world as it pushes **forward**<J>reform and opening up, **accelerates**<J> the transformation of the growth model, implement the opening-up policy, and provides a better economic environment and favorable conditions for foreign enterprise.

此外，原著还通过构建行程中的"引领"场景来凸显执政党、基本国策与制度、特殊社会群体在国家社会发展中的指导作用，以及国际组织在各国经济合作中的带动功能，通常体现在动词"带领"、"带头"、"引领"和"指引"和名词"指南"上。译者在译文中使用了对应的英语动词和它们的名词，包括"lead"，"guide"和"direct"。这三个词是近义词，基本含义都有"带路、指路"的意义。动词短语"take the lead"在源域中形容率先做某事以让他人效仿，映射出目标域行为人的示范行为。

表5.4 常规"行程"隐喻中的引领场景

汉语隐喻表达	英语隐喻表达	出现频率	对等翻译频率
带领	lead, leading role, guide, direct	12	12
带头	take the lead	13	12
引领	guide, take the lead, lead	17	12
指引	guidance, direction	4	4
指南	guide	2	2

第五章 对等隐喻

以下各个语段译文保留了原文的概念场景，忠实地传达了原文的政治含义。

（26）原文：改革开放以来，我们党团结**带领**<J>人民在发展社会主义民主政治方面取得了重大进展。（2012年12月4日）

译文：Since the reform and opening-up policy was introduced in 1978 our Party, rallying and **leading**<J> the people, has made major progress in developing socialist democracy.

（27）原文：党自身必须在宪法和法律范围内活动，真正做到党领导立法、保证执法、**带头**<J>守法。（2012年12月4日）

译文：The Party must act within the limits prescribed by the Constitution and laws, and ensure that it exercised leadership in legislation, guarantees law enforcement and **takes the lead**<J>in observing the law.

（28）原文：在全面深化改革过程中，我们要坚持和发展我们的政治优势，以我们的政治优势来**引领**<J>和**推进**<J>改革。（2014年5月26日）

译文：While comprehensively continuing the reform, we should uphold and develop our political advantages, and use them to **guide** <J>and **push forward**<J> the reform.

这种"引导"场景常常与"方向"和"目的地"场景一起被构建，如在例（29）和（30）中，"direct"与"deviate"构建的"方向"场景，"reach the goal"构建的"目的地"场景和"guiding"构建的"引导"场景连续出现，指出如果不坚持正确的方向，就会偏离正确的道路，不能到达目的地，隐喻性地阐述了不接受马克思主义指导下的发展方向,我们就无法实现国家的发展目标的政治观点。

(29)原文:领导干部学习,要正确把握学习的**方向**<J>。忽视了马克思主义所**指引**的**方向**<J>,学习就容易陷入盲目状态甚至**误入歧途**。<J>(2013年3月1日)

译文:Leading officials must **direct**<J> their studies correctly. If they **deviate**<J> from the **guiding**<J> principle of Marxism, they will be studying without a clear aim and may **go astray**<J>.

(30)原文:中国特色社会主义**道路**<J>是实现**途径**<J>,中国特色社会主义理论体系是行动**指南**<J>。

译文:The **path** <J>of socialism with Chinese characteristics is a **way**<J> to reach the **goal**<J>, and the theory offers **a guide**<J> to action.

在各个领域起引导作用的事物和人被表征为"领跑者"(译文为"guide"),其他追随者为"跟跑者"(译为"follower")。原著中还通过"跟"这种动词隐喻来描述执政党的领导地位,如在下面的语境中使用了"紧跟"一词。它的基本意义是"一步不离地跟随",常比喻"积极主动地跟随某种意志、形势、安排等"。译文中使用对应的英文动词结构"always follow"。在BNC语料中,"follow"最显著的搭配词除了表示路径概念的"path"、"route"和"track",与它组成习语的"suit"和"footsteps",还包括"instructions"(Fre=125,MI=5.49)、"pattern"(Fre=110,MI=3.95)、"rules"(Fre=105,MI=3.61)和"guidelines"(Fre=52,MI=4.82)。可见,它在类似的语境中有相同的喻义,容易让译著读者接受。

第五章 对等隐喻

（31）原文：广大青年要……增强对坚持党的领导的信念，永远**紧跟**\<J> 党高高举起中国特色社会主义伟大旗帜。（2013年5月4日）

译文：Young people should have more faith in the Party's leadership; and always **follow**\<J> the Party in upholding Chinese socialism.

构建以上各种"行程"概念场景的常规隐喻除了惯用和词汇化的隐喻表达，还包括12种成语，在译文中多保留成语中原有的隐喻概念映射。其中有8个都是四字成语：继往开来（承接式）、一往无前（联合动词式）、勇往直前（联合动词式）、任重道远（并列式）、南辕北辙（联合名词式）、水涨船高（因果式）、亦步亦趋（并列式）。其中，"一往无前"和"勇往直前"属于联合动词式结构，前半部分和后半部分采用相同结构构建同样的场景：偏正式结构隐喻性表征前行行为。在译文中，译者分别采用对应的动词或动词短语"forge ahead"和"advance"，保留了原有构建的"前行"场景，同时使用副词作为修饰成分，完整表达了原有成语意欲描述的前行中的勇敢无畏。如在下面的语境中，习近平在第十二届全国人民代表大会上的讲话中借助隐喻性成语，传达中国政府坚持走中国特色社会主义道路的决心。

（32）原文：面对人民群众过上更好生活的殷切期待，我们不能有丝毫自满……必须再接再厉、**一往无前**\<J>，继续把中国特色社会主义事业**推向前进**\<J>。（2013年3月17日）

译文：Facing the great expectations of the people for a better life, we must not become complacent....We must redouble our efforts and forge **ahead** relentlessly<J> to **advance** <J>the cause of building Chinese socialism.

"任重道远"和"亦步亦趋"同为并列式成语，但前者只在后半部分采用了隐喻性表征，而后者前后两部分都构建了"前行"场景。"任重道远"共出现 4 处，有两处的英译采用了对应的英语表达，"road ahead long"和"a long way to go"分别构建出相应的"路径"场景。"亦步亦趋"的英译没有表征原文"慢走"和"快走"的细微区别，用动词"follow"和动词短语"trail behind"构建出"跟随"的场景，在宏观上保留了原有的概念场景，并且使用副词修饰成分"blindly"（盲目地）将原词负面的评价意义传达出来。承接式成语"继往开来"只在后半部分实现了"前行"和"国家发展"之间的概念映射，译文做了对应的汉英转换，使用"chart a new course for the future"和"forge ahead"表达原文的语义"为未来开辟道路"。

习近平在亚太经合组织工商领导人峰会的讲话中使用了因果式成语"水涨船高"。在这一语境下，整个亚太地区被隐喻性地描述为大海，而这一地区的各个国家成为在海上航行的船只。根据常识，海水水位升高，航行于海面的船只也会升高。基于根隐喻"上升即好"，水面上升映射整个地区的发展，而船只上升意味着每个国家的发展。与其他成语的翻译不同，"水涨船高"的译文将源域（海浪）与目标域（国家发展）通过名词"wave of development"同时进行了显化处理，易于读者理解。

（33）原文：只有缩小发展差距，亚太才能**水涨船高** <J>。（2013年10月7日）

译文：Only by narrowing the development gap can we all **rise**

第五章 对等隐喻

with the tide of development in this region\<J>.

"南辕北辙"同"亦步亦趋"一样是含有负面评价意义的成语。习近平在中央党校建校 80 周年庆祝大会暨 2013 年春季学期开学典礼上的讲话中指出,当下个别领导干部由于"缺乏新形势下做好工作的本领"而"搞出一些南辕北辙的事情来"。成语"南辕北辙"是对领导干部工作事与愿违的强化,指出工作没能按照预想的方向发展。在英语中它一般被转化为"act in a way that defeats their purpose",直接体现了成语字面意义背后的含义。但是译文还是保留了字面文字描述的场景,并使用隐喻标记双引号,引起读者的关注。这种处理不仅保留了成语本身的强化功能,增强了言语的生动性,同时保留了原文的中国文化特色。

(34)原文:结果是虽然做了工作,有时做得还很辛苦,但不是不对路子,就是事与愿违,甚至搞出一些**南辕北辙**\<J>的事情来。(2013 年 3 月 1 日)

译文:As a result, although they are conscientious in their work, and spare themselves no effort, they either take the wrong approach or act in a way that defeats their purpose, or even **"head south while their chariot is pointing north\<J>"**.

表 5.5 构建"行程"场景的汉语成语以及对等翻译

汉语成语	对等翻译译文	对应翻译比例
继往开来(2)	draw on past progress and chart a new course for the future; build on past merits, forge ahead	100%

(续表)

一往无前（1）	forge ahead relentlessly	100%
勇往直前（1）	advance bravely	100%
任重道远（3）	task arduous and the road ahead long; much to do and a long way to go	66.7%
迎头赶上（2）	work hard to catch up; to catch up	100%
水涨船高（1）	rise with the tide of development	100%
南辕北辙（1）	head south while their chariot is pointing north	100%
亦步亦趋（3）	blindly follow others; trail behind others; copy others mechanically	66.7%
开绿灯（1）	give "green light"	100%
千里之行，始于足下（2）	a journey of one thousand miles begins with a single step	100%
行百里者半九十（2）	the last one tenth of the journey demands half the effort; the closer we approach the goal the more we should redouble our efforts	100%
逆水行舟，不进则退（1）	like a boat travelling upstream, we must press ahead or we will fall behind	100%

注：括号中数字为该隐喻成语出现的频率。

"开绿灯"属于三字成语。在各国文化里，交通灯有"红灯停，绿灯行"之说，开亮绿色的信号灯，表示准予通行，一般比喻允许或不禁止。习近平在纳扎尔巴耶夫大学讲演时，呼吁中亚各国积极发展"丝绸之路"经济带，使用这一成语提议"丝绸之路"沿线各国为彼此提供政策与法律上的便利。译文保留了原文的隐喻标记双引号，采用了对应的英文表达"green light"。

（35）原文：各国在政策和法律上为区域经济融合"**开绿灯**"<J>。

（2013年9月7日）

第五章 对等隐喻

译文：We should give the policy and legal **"green light"**<J> to regional economic integration.

在 BNC 语料库中，"green light" 共有 101 条索引行。我们从中随机抽取了 15 条，其中 4 例表示交通灯，4 例描写绿色的光源，剩下的都使用了比喻义，如下面两个例子。可见，译文成功保留了原文的隐喻含义，并能够为读者所接受。

（36）a. The election is also giving **a green light** for policies about the environment.

b. The project is currently awaiting **a green light** from the government in Brasilia.

另外还有 3 个多字格的成语构建出不同的行程场景。"千里之行，始于足下"，常用来比喻事情的成功，是从小到大逐渐积累起来的。在原文中，它共出现两处，使用语境不同，目标域也随之发生变化，产生了不同的概念映射。如在例子（37）中，千里之行意指我们国家的发展道路，而在（38）中则形容人漫长的一生。根据上下文，我们会推断出它的具体含义：前者强调我国的发展道路很漫长，需要我们踏踏实实的工作；后者鼓励青年人从小就要注重培养美德。译文用对应的英语表达还原了原文的"行程"场景，它的语境含义即对目标域的描述也会根据上下文语境推断出来。

（37）原文：千里之行，始于足下 <J>。我们国家的发展前景十分光明，但道路 <J> 不可能一帆风顺 <J>（——）……梦想不可能一夜成真。（2013 年 4 月 28 日）

译文：**A journey of one thousand miles begins with a single**

step\<J\>. There is a bright future for our country, but **reaching it** \<J\>will not be easy. We cannot accomplish our **goal**\<J\> with one single effort, nor can we realize our dream overnight.

（38）原文：千里之行，始于足下 \<J\>。每个人的生活都是由一件件小事组成的，养小德才能成大德。（2014 年 5 月 30 日）

译文：And "**a journey of one thousand miles begins with the first step**\<J\>." Everyone's life consists of small matters. Starting with small virtues, you can nurture great virtues.

另一个多字格成语"行百里者半九十"的基本语义是"走一百里路，走了九十里才算走了一半"，隐喻性地指出做事情愈接近成功愈困难，因此更要努力、谨慎。两种译文"the last one tenth of the journey demands half the effort"和"the closer we approach the goal the more we should redouble our efforts"通过"journey"与"goal"再现了"行程"源域，同时动词短语"demands half the effort"与"should redouble our efforts"将隐喻性的含义表达出来。而"逆水行舟，不进则退"出现在明喻标记语"如同"之后，译文"like a boat travelling upstream, we must press ahead or we will fall behind"进行了一对一的汉英转化，将在当前国际环境中寻求发展的中国形容为逆流行驶的船只，不努力前行，就会顺流后退，强调中国必须向前发展。

以上分析显示原文的绝大多数常规隐喻都采用了第一种翻译方法，即译文的源域和目标域概念与原文保持一致，且采用了与原文对应的语言表达体现。这些对应的语言表达在目的语中同样属于常规隐喻，容易为译文读者接受。对于具有中国特色的隐喻表达，为了保留原有喻义，从而忠诚地传达原文的交际目的，译文尽可能地

第五章 对等隐喻

在宏观上做到概念映射与原文的一致性,甚至对个别原有隐喻表达进行了一对一的字面翻译。这种异化翻译策略产生的英文译文能够激活译文读者与原文读者基于共同具身体验的认知回忆,因此不会对传达原文的交际意愿产生障碍。而对于大多数富有中国文化底蕴的隐喻表达,译者大多数情况下会通过上述的第二、第三和第四种方法帮助译文读者构建相同的概念场景,从而完成原文的交际意图。具体包括通过增加隐喻标记语,如明喻标记语与引号,运用特殊的语言结构以及附加信息等方法使源域或目标域得到显化,有时两者同时在语言层面被凸显出来,从而弥补了译文读者对异域文化知识和社会背景认知的欠缺。

2. 新奇"行程"隐喻的对等翻译

表5.6 新奇"行程"隐喻的对等翻译

汉语隐喻表达	英文译文	出现频率	对等翻译比例
陡坡	steep path	1	100%
险滩	rough path; dangerous shoals	2	100%
深水区	deep-water zone, uncharted waters	2	100%
路线图	road map	6	100%
锚	anchor	1	100%
逢山开路	blaze new trails, cutting a way through when confronted by mountains	3	100%
遇河架桥	bridge rivers; building a bridge when blocked by a river	3	100%
相向而行	meeting each other halfway	2	50%
速度不均	uneven pace	1	100%
行驶	proceed (move forward)	1	100%

原文除了上述常规隐喻外，还在 23 处使用了 12 种创新性"行程"隐喻表达，构建了行程中的各种场景（见表 5.6）。"陡坡"和"险滩"分别指"陡峭的坡"和"江河中水流湍急，礁石密布，航道狭窄曲折，航行困难的地方"，形容难走的道路。"陡坡"的译文用了对应的英语搭配"steep path"，它所映射的目标域在原文由担当主语的名词短语"人生之路"实现。而"险滩"用在不同语境，被投射到不同目标概念，译文虽然都保留了宏观上的概念映射，但在语言处理上却存在差异。在例子（39）中，根据句式特点，"险滩"被转化为形容词"rough"，与"smooth"形成对比，与主语构成短语"rough path"。名词短语"rough path"在 BNC 和 COCA 中分别出现8 例和 16 例，均形容崎岖的路径。因此，译文虽没有做到语言上的对应，却保留了译文读者熟悉的目标域场景。在另一个语境中，"险滩"映射中国改革开放需要经历的困难，译文采用对应的英文表达"wade dangerous shoals"替换"涉险滩"。"dangerous shoals"与文中的"difficulties"对应，动词"wade"与"act boldly"对应，既在语言层面再现了原文的跨域映射，也与上下文中的目标域概念相呼应。

（39）原文：人生之路 <J>，有坦途 <J> 也有陡坡 <J>，有平川 <J> 也有险滩 <J>，有直道 <J> 也有弯路 <J>。（2013 年 5 月 4 日）

译文：The **path**<J> of life is sometimes level, sometimes steep<J>; sometimes smooth, sometimes **rough**<J>; sometimes straight, sometimes crooked.

（40）原文：胆子要大，就是改革再难也要向前推进 <J>，敢于

第五章 对等隐喻

担当，敢于**啃硬骨头**<F>，敢于**涉险滩**<J>。（2014年2月7日）

译文：To act boldly means to advance<J> reform despite difficulties and be eager to take on challenges, **chew tough bones**<J>, and **wade through dangerous shoals**<J>.

另一个构建路径的隐喻表达"深水区"，将改革开放最艰难最关键的时期形容为较深的水域或危险性较大的水域，而发展中的中国正是行驶在这一片深水区的船只。两处实例出现在相似的语境 [见例子（41）和（42）]，其上下文都对改革中的困难进行了进一步的阐释。不过，译文采取了不同的翻译策略：第一处采用异化策略，进行字面翻译，选择英语中类似结构的表达"deep-water zone"（深水港）。"deep-water"作为前置修饰语在BNC共出现了36例，在COCA中出现了322例，除了修饰"channel"、"harbor"、"bay"、"port"、"dock"和"well"，还修饰深水区的生物，如"fish"和"aquatics"，以及相关的工业，如"fishing"和"facilities"，描述的事物均局限在水域，没有投射到其他概念域。因此，"deep-water zone"本身并不会使读者联想到原文强调的危险性。但是，它的下文"可以说，容易的、皆大欢喜的改革已经完成了，好吃的肉都吃掉了<F>（D），剩下的都是难啃的硬骨头<F>"，对原文源域概念映射的内容进行了描述；第二处使用习语"uncharted waters"，形容"未知的充满挑战的领域"。它在BNC中出现了11处，除了3处涉及水域外，其他几处分别描述了艺术、经济、政治等领域新的尝试与挑战。

（41）原文：中国改革经过30多年，已进入**深水区**<J>。可以说，容易的、皆大欢喜的改革已经完成了，好吃的**肉都吃掉**<F>（D），剩下的都是**难啃的硬骨头**<F>。（2014 年 2 月 7 日）

译文：Having been **pushed ahead**（A：J）for more than 30 years, China's reform has entered **a deep-water zone**<J>. It can be said that the easy part of the job has been done to the satisfaction of all. What is left are **tough bones that are hard to chew**<F>.

（42）原文：中国改革已进入**攻坚期**<W>和**深水区**<J>。这是因为，当前改革需要解决的问题格外艰巨。（2013 年 10 月 7 日）

译文：China's reform is **sailing in uncharted waters** <J>with **tough challenges**<W>. The problems we face in the current phase of reform are especially difficult.

"路线图"共出现 6 处，一处为"巴厘路线图"（Bali Road Map），意指 2007 年 12 月在印度尼西亚巴厘岛举行的联合国气候变化大会上为应对气候变化谈判的关键议题而确立的明确议程，其余 5 处均用来映射中国改革开放具体规划，如：

（43）原文：去年 11 月，中共十八届三中全会就全面深化改革作出总体部署，提出了改革的**路线图** <J>和时间表……（2014 年 2 月 7 日）

译文：Last November the Third Plenary Session of the 18th CPC Central Committee made overall planning for advancing （A:J）reform comprehensively and formulated **the road map**

第五章　对等隐喻

<J> and schedule for reform...

英译"road map"基本含义指代标有路线的地图，引申意义是指完成某事的计划。在 BNC 中，它共使用 16 次，其中 2 处用于政治领域，如在下面的例子中，美国前总统将与越南关系正常化的议程比作"路线图"。可见，这一新奇隐喻在不同文化中的政治领域出现了类似的含义与功能。

（44）Bush also said that he had a "road map" for normalizing relations with Vietnam.

另外，在原著政治话语中，两岸关系被表征为船只，而两岸和平关系的基础即一个中国原则的共识被描述为固定船只的"锚"。"锚"是钢铁制的停船器具，用铁链连在船上，抛到水底，可以起到固定船只的作用。根据对"锚"功能的认知，原文读者不难推断出原著要阐明的观点：只有坚持"一个中国"原则，两岸关系才能和平稳定发展。译文使用了对应的英文名词"anchor"。根据对相同事物的认知，译文读者会理解使用者要强调的观点，即坚持"一个中国"原则对维护两岸关系和平发展的重要作用。

（45）原文：这个基础是两岸关系之**锚** <J>，**锚**定了，才能任凭风浪起、**稳坐钓鱼台** <J>。（2014 年 2 月 18 日）

译文：Such a foundation is **the anchor**<J> for cross-Straits relations. **Only when our vessel is at anchor**<J> will we be able to "sit tight on the fishing boat despite the rising wind and surging waves".

其他的新奇隐喻都构建了"前行"场景。其中,"逢山开路"和"遇河架桥"均出现了3次,并一起出现在不同的语境中,包括习近平在新进中央委员会的委员、候补委员学习贯彻党的十八大精神研讨班开班式上的讲话[例子(46)],在坦桑尼亚尼雷尔国际会议中心就中非关系的演讲[例子(47)]以及同各界优秀青年代表座谈时的讲话[例子(48)]。

(46)原文:全党同志必须……清醒认识世情、国情、党情的变和不变,永远要有**逢山开路**<J>、**遇河架桥**<J>的精神。(2013年1月5日)

译文:We must be clearly aware what is changing and what remains constant in the international, national and Party situations. Never should we hesitate to **blaze new trails**<J>, **bridge rivers**<J>, forge ahead with determination, and audaciously explore new territory.

(47)原文:这种**逢山开路、遇水架桥**<J>的开拓精神,是我们不断提高中非合作水平的重要法宝<R>(D)。(2013年3月25日)

译文:Such an enterprising spirit of "**cutting a way through when confronted by mountains**<J> **and building a bridge when blocked by a river**" <J> is crucial for steadily upgrading China-Africa cooperation.

(48)原文:要有**逢山开路**<J>、**遇河架桥**<J>的意志,为了创新创造而百折不挠、勇往直前<J>。(2013年5月4日)

译文:Young people should have the willpower to **cut paths**

第五章 对等隐喻

through mountains and build bridges over rivers<J>, and be indomitable and advance bravely in bringing forth new ideas.

两个词都属于联动结构,"逢山"和"遇河"原指行程中遇到的障碍,隐喻性表征国家发展、中非关系和人生历程中遇到的困难,"开路"和"架桥"形容跨越行程中障碍的行为,被用来映射中国共产党、中非各国和青少年克服困难的精神和意志。有两处译文采用了异化翻译策略,其中一处保留了原文作为隐喻标记的双引号。"cut a way through"在 BNC 与 COCA 没有实例,但在 iWeb 出现两次,与上列有相同的功能。

另外一处译文"blaze new trails"作为英语习语没有保留原文"行程"概念中的具体意象"逢山"与"遇河",但在宏观上构建了"开辟道路"的场景,与"逢山开路"的隐喻含义"不畏艰险,在前开道"相一致。

其他新奇隐喻表达包括"相向而行"、"行驶"、"速度不均"和"万里长征走完了第一步"。"相向而行"描述两人面对面前行最终会相会的场景。在原著中用来表征中国与非洲各国交往会最终达成共识,实现共同利益。译文选择了英文动词短语"meet someone halfway",字面上重现了"行程"场景,常用来形容由于一方接受另一方的某些做法而让彼此达成协议的过程,与原文的含义相符。

(49)原文:良性互动,就是要加强沟通、平等协商、**相向而行**<J>,相互释放善意……(2013 年 6 月 13 日)

译文:Constructive interactions mean enhanced communication, consultations on an equal basis, **meeting each other halfway**<J>, mutual release of goodwill …

"行驶"在译文中被对应的英语表达"proceed"替换,保留了原有的隐喻表征细节。

(50)原文:**步子要稳**\<J>,就是**方向**\<J>一定要准,**行驶**\<J>一定要稳,尤其是不能犯颠覆性错误。(2014年2月7日)

译文:To **progress steadily**\<J> means to **stay on course**\<J>and **proceed**\<J> in safety, and, more importantly, make no fatal mistakes.

表达"速度不均"是在亚太经合组织工商领导人峰会讲话中使用的新奇隐喻。在这一语境下[见例子(52)],复苏中的世界经济被描述为整个行程,而不同的国家由于复苏程度和发展阶段不同就成为前行速度不一的参与者。译文使用了相应的英文隐喻表达"uneven pace"。它在BNC中出现3例,其中2例"before the end of the year as recovery continues at an uneven pace"和"the uneven pace of economic restructuring"都出现在经济概念域中,具有与原文隐喻相同的喻义,能够为译文读者所接受。

(51)原文:世界经济仍然处于深度调整期,既有复苏迹象,也面临基础\<B>不稳、动力不足\<M>、**速度不均**\<J>的问题。(2013年10月7日)

译文:While there are signs of recovery, there are also problems of fragile foundations\<B>, inadequate momentum\<M> and **uneven pace**\<J>.

以上分析显示新奇"行程"隐喻表达几乎都转化为相对应的目的语文字,即采取了第一种翻译方法。这些表达能够构建相同或类似的概念场景，产生相同的隐喻含义。目的语语料库显示它们有与原文隐喻表达相似的使用语境，能够激活译文读者相似的生活经历，从而实现相似的交际功能。另外，相同隐喻表达在不同语境中可以采用不同译文，虽然在语言层面上再现的概念场景会缺少原文源域概念的某些细节，但想要突出的源域概念特性却保持一致，因此具有相同喻义，不会影响原文交际目的的实现。

3. 互文"行程"隐喻的对等翻译

有些新奇的"行程"隐喻并不是将人们普遍的行程经历投射到抽象的政治领域，而是基于中国文化基础，起源于中国的多种符号学经验，包括中国文化中对某事物的固有印象、文化中显性的文本、电影、艺术作品以及学校传授的知识等。这样的互文隐喻的隐喻性比较显著。但这并不意味着它们是独特的创造性思维的产物；相反，互文隐喻是隐喻生产者所在的特定文化情境的产物。它们的产生是说话人对某种文化结构或子结构的适应，具有特定的想象力资源。如，习近平在主持十八届中央政治局第二次集体学习的讲话中三次提到"摸着石头过河"：

（52）原文：改革开放是前无古人的崭新事业，必须坚持正确的方法论，在不断实践探索中**推进** <J>。**摸着石头过河** <J>，是富有中国特色、符合中国国情的改革方法。**摸着石头过河** <J> 就是摸规律，从实践中获得真知。**摸着石头过河** <J> 和加强顶层设计 <B> 是辩证统一的。（2012年12月31日）

译文：Reform and opening-up is a cause that has never before been pursued. We mush adopt the right methods and

advance<J> this cause through continuous exploration and practice. **Wading across the river by feeling for the stones**<J> is a reform method with Chinese characteristics and in line with the prevailing conditions in China. **Wading across the river by feeling for the stones**<J>, we can identify the laws that apply, and acquire knowledge in practice. **Wading across the river by feeling for the stones** <J>and top-level design are two component factors for our reform effort.

"摸着石头过河"原是一句中国民间歇后语，完整地说是"摸着石头过河——踩稳一步，再迈一步"或者"摸着石头过河——求稳当"。它被借用来表示一种科学的工作方法，表示面对新事物要本着稳妥的态度进行探索。它最早在政治话语中的使用出现在《人民日报》的报道和正式文件中，如 1965 年 6 月 6 日《人民日报》讲道："搞生产要摸着石头过河。只有调查研究，摸到了落脚的一个个石头，才能一步一步走到彼岸，完成任务。"农业部《关于一九五九年农业生产的几点意见》指出："实行少种高产多收的方针和耕地三三制的伟大理想，必须有步骤，必须是'摸着石头过河'，一九五九年全国的耕地面积和播种面积不能减的太多。"可见人们很早就对这句话比较熟悉。改革开放以来，党中央、国务院的文件材料也常引用这句话，如 1981 年 10 月国务院《关于实行工业生产经济责任制若干问题的意见》强调："实行经济责任制，目前还处在探索阶段，各地区、各部门要加强领导，要摸着石头过河，水深水浅还不很清楚，要走一步看一步，两只脚搞得平衡一点，走错了收回来重走，不要摔到水里去。"报告引用"摸着石头过河"，生动、准确地表达了在

第五章　对等隐喻

经验不足的情况下要探索着前进。

习近平在讲到改革开放初期发展道路时引用了这个隐喻表达，形象地阐释了"在不断探索中推进改革开放"的过程。将推进改革开放事业比作渡河，不断探索的对象就是河中可以帮助我们安全渡河的石头。石头被映射的目标域"规律"也在下文被明示。译文采用异化翻译策略，将隐喻表达本身译为"wading across the river by feeling for the stones"，并保留了原有句式结构。隐喻表达作为连续3个关系过程的被识别者被描述为"具有中国特色符合中国国情的改革方法"、"摸规律，从实践中获得真知"，并阐明它与理论构建的关系。译文对阐明其喻义的上下文语境采用了同样的方法，凸显它所有表征的政治观点。

另外三处互文"行程"隐喻都出自中国古诗词。"长风破浪会有时，直挂云帆济沧海"出自中国唐代诗人李白的《行路难》，是他遭受谗毁被排挤出长安时所创作的。诗中的"行路难！行路难！多歧路，今安在？"，将政治生涯描述为旅程，抒写了他在政治道路上遭遇艰难时产生的不可抑制的愤激情绪。但最后两句构建出船只乘着风势破浪前进，挂上云帆，横渡沧海，到达彼岸的"前行"和"到达目的地"的概念场景，表达了诗人面对困境，克服困难获得成功的希望、决心和豪情。如今"长风破浪会有时，直挂云帆济沧海"经常会在新闻报道或文章、讲话中被引用，用于对未来的展望，表示会排除各种艰难险阻，对前途、前景充满信心和期待。习近平在莫斯科国际关系学院演讲中谈到中俄关系时引用了这一诗句。

（53）原文：中国有句古诗"**长风破浪会有时，直挂云帆济沧海**"<J>。我相信，在两国政府和人民共同努力下，中俄关

系一定能够继续乘风破浪、扬帆远航,更好造福两国人民,更好促进世界和平与发展!(2013 年 3 月 23 日)

译文:We also have lines of an ancient poem which read, "**Forging ahead like a gigantic ship breaking through strong winds and heavy waves, I'll set my towering sail to cross the sea which raves.**" <J> I am convinced that with the joint efforts of the governments and peoples of our two countries, China-Russia relations will continue to **press ahead**<J>, overcoming difficulties, bringing greater benefits to the two peoples, and making ever-greater contributions to global peace and development.

译文保留了原有的概念映射,即将中俄关系构建为在海上乘风破浪的船只,不过增加了细节描述。首先,"forge ahead like a gigantic ship"由明喻替代隐喻,凸显了"前行"场景中的巨型船只,即被映射的"中俄关系"。另外,译文增加了原文省略的行为者"I",凸显了前行场景中航行者不畏困难航行的过程。通过沿用原文的概念映射,译文忠实地传递了其政治含义,即希望中俄两国人民不畏艰辛,共同努力,发展有益于两国人民的中俄关系。同时,通过凸显旅程场景中的细节,增加相关概念元素,将事物与行为人前景化,译文更加有力地传达了原文中的政治意愿。

其他两处出自中国古诗词的互文隐喻是习近平在亚太经合组织工商领导人峰会上的演讲中使用的:

(54)原文:只有这样,才能做到"山重水复疑无路,柳暗花明又一村"<J>,使亚太经济在世界经济复苏中发挥引领作用。

第五章 对等隐喻

（2013年10月7日）

译文：A Chinese poem runs, "**When one doubts whether there is a way out from the endless mountains and rivers, one suddenly finds a village shaded by soft willows and bright flower**"<J>.

（55）原文："浩渺行无极，扬帆但信风。"<J> 亚太是我们共同发展的空间，我们都是亚太这片**大海中前行的风帆** <J>。

译文："**Boundless is the ocean where we sail with the wind**"<J>. Like a vast ocean<J>, the visa Pacific region offers enough space of us to make progress together.

"山重水复疑无路，柳暗花明又一村"出自宋朝诗人陆游的《游山西村》，描述了他在乡村旅行时的经历：诗人在山峦间漫步，山和水不断重复，当他怀疑无路可行的时候，忽然看见柳色暗绿，花色明丽，又一个村庄出现在眼前。在现代汉语中，我们常常用它比喻在遇到困难一种办法不行时，可以通过探索，用另一种办法去解决问题。原著借用这句诗词强调亚太经济发展的动力来自改革与创新，即不断的尝试。译文对诗句本身采用了异化策略，将它构建的旅程场景完整再现，同时添加了最初语境的细节，指出它来自中国古诗词（a Chinese poem runs），并通过注释的方式提供了更多相关作品的细节。

"浩渺行无极，扬帆但信风"出自尚颜僧人送别一位来自新罗朋友的诗作《送朴山人归新罗》，是唐人送给外国友人的友善祝词。习近平引用这句古诗表达对亚太地区合作前景的美好祝愿。诗句本身构建出航海旅程的场景：浩瀚的大海无边无际，扬起风帆，御风而行。而随后语境中的肯定陈述句"我们都是亚太这片大海中前行的风帆"所包含的隐喻表达明确了场景中概念元素"前行的风帆"指代的"前行船只"所映射的就是亚太地区各个国家,而其中名词结构"亚太这片大海"将"亚太地区"与"大海"这对概念映射凸显出来。因此,古诗词上下文语境中的类似隐喻对它的隐喻含义进行了一定程度的诠释:亚太地区的发展为亚太各国的发展提供了机遇。译文对诗句同样运用了异化策略,运用对应的英文表达再现了原文构建的御风远航的场景。随后,"亚太地区"与"大海"这对概念映射通过"like a vast ocean, the visa Pacific region"这种结构在译文中变成了明喻,亚太地区成为整个信息的出发点,而"前行"场景通过动词短语隐喻表达"make progress together"成为整个信息的焦点,突出了讲话者对亚太各国共同发展的信心。

以上分析的互文隐喻包括谚语与古代诗句,在现代汉语话语中反复被使用,在类似的语境中表达相同的隐喻含义。译者在翻译时都采用了异化策略,保留了原文构建的概念场景。为了便于译文读者理解,译者通过将隐喻转化为明喻凸显源域概念,以及增加注释信息等方法,使跨域映射的元素更加明晰化,帮助译文读者认知与理解。

四、小结

本章以《习近平谈治国理政(第一卷)》中出现频率最高的"行程"隐喻为例,探讨了在英译文中保留原文宏观跨域映射的对等翻译的情况。实现对等翻译的隐喻包括常规隐喻、新奇隐喻和互文隐喻等类型,共包括以下几种方法:

第五章 对等隐喻

（1）译文的源域与目标域在宏观上与原文一致，且采用了与原文对应的语言表达体现；

（2）译文的源域与目标域在宏观上与原文一致，添加明喻标记语，隐喻转化为明喻；

（3）译文的源域与目标域在宏观上与原文一致，语言层面体现概念域的更多细节；

（4）译文的源域与目标域在宏观上与原文一致，但减少原有概念域的细节；

（5）译文的源域与目标域在宏观上与原文一致，但更改原有概念域的细节。

这些方法中，第二种和第三种属于异化翻译，保留了原文源域的元素，为了帮助译文读者克服文化差异的障碍，译者通过各种方法对源域进行前景化和更细致的描述，以便激活译文读者的相同认知。对于约定俗成的汉语成语、谚语、以及来源于中国古典文化的古诗词，译者更倾向于选择这种翻译方法，保存了原有隐喻的民族性和文化性，同时实现了认知对等，没有影响政治观点的阐释与传播。

少数情况下，译者采用第四种和第五种翻译方法，保留相同的源域概念，但是减少对它的细节描述，甚至凸显源域的不同方面，从而放弃字面直译，选择喻义相同的英文表达，属于典型的归化翻译。比如"逢山开路、遇水架桥"被英语习语"blaze new trails"所替代。

第一种翻译方法比较复杂。除了异化翻译的情况，还包含既非异化又非归化的翻译，主要涉及常规隐喻与少数新奇隐喻。这是由于译文与原文隐喻表达对应的文字在目的语中具有相同的喻义,并在词典中有所体现,语料库显示其在类似语境下实现类似的功能,属于等化策略。

第六章 隐喻变异

一、引言

隐喻涉及复杂的跨域映射,由于映射具有选择性,不同文化可能会选择不同的源域概念去表征相同的目标事物。汉英翻译的源语与目的语属于差异较大的两种文化,在翻译过程中会由于文化、语言、社会等方面的原因发生隐喻变异的情况,即译文使用不同于原文的源域概念去表征原文的目标事物(Newmark 1991:171)。译文中隐喻变异的实例在数量上远远低于对等翻译(见表 6.1),共 49 处,涉及"行程"隐喻、"建筑"隐喻、"战争"隐喻、"艺术"隐喻等。下面,我们将具体分析这些隐喻发生了哪些变异,发生变异的原因以及变异后的隐喻能否正确地传达原文的含义。

表 6.1 原著与译文中隐喻对等与隐喻变异情况

隐喻种类	数量	对等翻译比例	变异数量	变异比例
行程隐喻	1027	69.9%	11	1.07%
建筑隐喻	469	96.8%	16	3.41%
战争隐喻	203	69.5%	5	2.46%
自然现象隐喻	85	48.2%	7	8.24%
艺术隐喻	28	67.9%	3	10.7%

续表

隐喻种类	数量	对等翻译比例	变异数量	变异比例
生物体隐喻	250	91.6%	3	1.2%
体育竞技隐喻	173	96%	1	0.58%
机械隐喻	12	83.3%	2	16.7%

二、"行程"隐喻的变异

绝大多数（69.9%）"行程隐喻"在译文中都采用对等翻译策略，但也出现了11例变异的情况，即译者构建其他源域中的概念场景替代"行程"中的事物来表征相同的目标域。多数发生变异的隐喻（7/11）经过以下跨域映射的迁移实现了从"行程"隐喻到"建筑"隐喻的转化（见图6.1）：

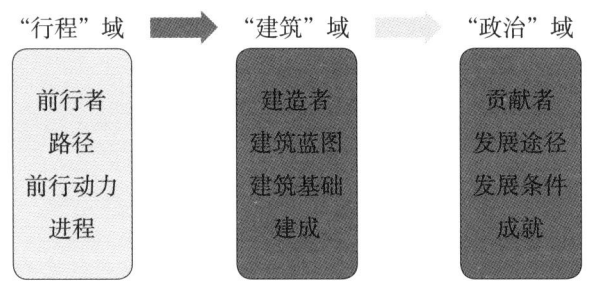

图6.1 政治话语中"行程"隐喻到"建筑"隐喻的变异

原文中的表达"走在时代前列的奋进者"塑造了"行程"场景中的参与者形象，即"前行者"，译者选择"builder"将"前行者"形象转换为"建筑"领域的"建造者"身份，用来表征有志青年应该在国家建设中发挥的重要作用。

（1）原文：勇做走在时代前列的**奋进者** \<J\>（C:B）、开拓者、

第六章　隐喻变异

奉献者（2014年5月4日）

译文：to join the team of **builders**<B>, pioneers and dedicators

名词"道"在原文中与不同的修饰成分组合，构建了"行程"域中的"路径"场景，描述了中国各个领域发展的主要途径，如下面例子中的"顺应能源大势之道"。译者使用"blueprint"，用建筑领域指导建造过程的规划图映射能源发展的方向。

（2）原文：找到顺应能源大势之**道** <J>（C:B）（2014年6月13日）

译文：to define a sound energy **blueprint** <B>for the future

同时，动词"推动"和"推进"通过构建利于前行的概念场景，在原文中凸显了促成各项事业的重要因素，如下文中在中国共产党建立过程发挥重要作用的五四运动以及实现核安全工作需要的机制化和法制化。译者通过英文习语"lay the groundwork"和"put on footing"，将中国共产党的建立和核安全工作表征为建成的高楼，而"五四"运动和核安全工作机制化和法制化则被形容为高楼的地基。根据中英文化的常识，打造地基是建造高楼的第一步，而地基不稳固，高楼也不会坚固，突出了"地基"所映射的目标域的重要作用。

（3）原文：五四运动……**推动** <J>（C:B）了中国共产党的建立。（2014年5月4日）

译文：The May 4th Movement… and **laying the groundwork** <B> for the founding of CPC.

（4）原文：**扎实推进** <J>（C:B）核安全工作机制化、法制化。（2014年3月24日）

译文：To **putting** our nuclear security endeavors **on an** institutional and legal **footing**<B>.

最后,"行程"中的"进展"场景在概念层面被转化为"建造成果"。如下文中的名词"进程"和动宾结构"走出……路"译为名词短语 "the building of" 和动词 "build"。因此,区域外交、国际外交领域,各国关系发展途径不再是"行程"中的路径,各国关系建立的过程被构建为"建筑"的过程。

（5）原文：有力**推动** <J> 了社会主义法治国家**进程** <J>（C:B）（2012 年 12 月 4 日）

译文：**advance** <J> **the building of**<B> a law-based socialist country

（6）原文：中美应该也可以**走出**一条不同于历史上大国冲突对抗的**新路** <J>（C:B）。（2013 年 6 月 7 日）

译文：And can **build** <B> a new model of relationship different from the historical clashes and confrontations between major powers.

（7）原文：努力**走出** <J> 一条共建、共享、共赢的亚洲安全之**路** <J>（C:B）（2014 年 5 月 21 日）

译文：jointly **build** <B> a road towards security in Asia

"行程"隐喻和"建筑"隐喻都是政治语篇中出现频率较高的跨域映射方式,都可以用来形容"有目标的、分阶段实现的社会活动"。译者选择用"建筑"隐喻替代"行程"隐喻,同样可以构建国家各项事业发展的途径、取得进展的条件和最后成果,以及使这

第六章　隐喻变异

些成为现实的参与者。同时,"建筑"隐喻替代"行程"隐喻映射某项事业的成功不再由"路程"终点即目的地来表征,而由"建筑物"或"高楼"来映射,不仅仅凸显完成的状态,还会让人联想到高楼的稳固,强化对目标域即所谈论主题的正面评价,可以丰富原文的含义。

除了转化为"建筑"隐喻,有两处"行程"隐喻被译为"战争"隐喻。习近平在出席博鳌亚洲论坛和访问莫斯科国际关系学院期间发表演说阐述世界和平局势时都使用了"任重道远"这个成语。它属于并列结构,其中"道远"构建了"行程中距离目的地还有很长一段距离"的概念场景,表征实现各国共同发展和世界和平的目标尚未实现,属于典型的"行程"隐喻,比喻责任重大,要经历长期的奋斗。

（8）原文：实现各国共同发展,依然**任重而道远** \<J\>（C:W）（2013 年 4 月 7 日）

译文：it remains an uphill **battle** \<W\>for all countries to achieve common development

（9）原文：维护世界和平、促进共同发展依然**任重道远** \<J\>（C:W）。（2013 年 3 月 23 日）

译文：Upholding world peace and promoting common development remain a long and uphill **battle**\<W\>.

原文有四处使用了这个常规隐喻,有两处译文选择了对应翻译,其他两处[例（8）和例（9）]译文选择名词结构"an uphill battle"来翻译。"battle"触发了"战争"场景,本身也有表征为改变现状而认真做出努力的功能,而修饰成分"uphill"凸显了战争的艰苦。

基于对战争的认知,可以推断译文进一步突出了实现各国共同发展和世界和平的难度,从而强化了原文的喻义。

剩余的两处"行程"隐喻分别被转化为"机械"[例(10)]隐喻和"体育竞技"隐喻[例(11)]。为了强调亚洲基础设施投资银行与域内外现有多边开发银行的合作对亚洲经济持续稳定发展的重要作用,原著使用了隐喻表达"促进",将亚洲经济发展描述为一段行程,前行即发展,而亚洲基础设施投资银行与域内外现有多边开发银行的合作被表征为实现亚洲经济发展的重要因素。译者选择动词"fuel"翻译"促进",将亚洲经济描述为机器,而亚洲基础设施投资银行与域内外现有多边开发银行的合作被表征为保证机器正常运转的能源,同样凸显了这种合作对于亚洲经济发展的决定性作用。

(10)原文:新的亚洲基础设施投资银行将与域内外现有多边开发银行一道,共同合作,相互补充,共同**促进**<J>(C:M)亚洲经济的持续稳定发展。(2013年10月7日)

译文:This proposed bank would work together with the existing multilateral development banks in and outside the region to **fuel**<M> the sustainable and steady growth of the Asian economy.

例(11)中的隐喻表达"起点"和"终点"构建了源域"行程"的两个端点,将亚洲和世界的发展和共赢事业隐喻性地表征为只有开始没有结束的"行程"。译文采用"X is Y"结构,将主语中的目标域表征为赛跑(a race),并指出它只有起点,没有终点。赛跑属于竞技项目,参赛者要在速度上一争高低,而没有终点的赛跑,暗示参赛者不仅要有速度还需要有耐力。译者将这些认知元素映射到

第六章　隐喻变异

目标事物即和平发展和合作共赢的事业,说明这项事业需要各国积极和长期的参与。因此,此处的隐喻变异丰富了原文的内容。

（11）原文：亚洲和世界和平发展、合作共赢的事业没有**终点**<J>,只有一个接一个的新**起点**<J>(C:SP)。(2013年4月7日)

译文：To enhance peaceful development and mutually beneficial cooperation in Asia and the world is **a race** <SP> that has one **starting point**<J> after another and knows **no finishing line**<J>.

三、"建筑"隐喻的变异

"建筑"隐喻在原文均由充当名词的词汇隐喻"建设"体现。绝大多数(96.8%)的"建筑"隐喻在译文中都采用了对等翻译,只有16例"建筑"隐喻在译文中发生了变异。除了1处被转换为"生物体"隐喻,由名词"growth"触发外[见例（12）],其他15处全部由触发"行程"概念场景的英文词汇隐喻替代,如表征进程的"progress"以及加速前行的"accelerate"和"speed up"。不管是"生物体"隐喻还是"行程"隐喻都凸显了中国政治、经济、文化、社会以及生态文明各个方面的发展,前者通过"植物的生长",而后者通过"加速前行"进行映射,与原文的"建筑"隐喻达到了同样的交际功能。

（12）原文：我们将继续把发展作为第一要务,把经济**建设** <B>

（C:PL）作为中心任务。（2013 年 3 月 27 日）

译文：We continue to make development our top priority and economic **growth** <PL>our central task.

（13）原文：中国特色社会主义**道路** <J>，既坚持以经济建设 <B>（C-J）为中心，又全面推进 <J>（D）经济建设 <B>（C-J）、政治建设 <B>（C-J）、文化建设 <B>（C-J）、社会建设 <B>（C-J）、生态文明建设 <B>（C-J）以及其他各方面建设 <B>（C-J）。（2012 年 11 月 17 日）

译文：The **path** <J>takes economic development as the central task, and bring along economic, political, cultural, social, ecological and other forms of **progress**<J>.

（14）原文：不仅在经济建设 <B>（C-J）中要始终立足初级阶段，而且在政治建设 <B>（C-J）、文化建设 <B>（C-J）、社会建设 <B>（C-J）、生态文明建设 <B>（C-J）中也要始终牢记初级阶段。（2012 年 11 月 17 日）

译文：It is imperative not only in **accelerating**<J> the economy, but also in **speeding up** <J> political, cultural, social and ecological development.

四、"战争"隐喻的变异

原著共有 203 例"战争"隐喻，其中有 5 处"战争"隐喻在译文中发生变异，被转化为"行程"隐喻、"建筑"隐喻和"艺术"隐喻。其中，3 处由常规隐喻"统帅"、"武装"以及成语"一鼓作气"

第六章　隐喻变异

触发的"战争"域中的人物、行为和场景，被英语常规隐喻"to the fore"、"guide"和"press ahead"构建的前行中的行为和场景所替代。

（15）原文：我国形成了以宪法为**统帅** <W>（C:J）的中国特色社会主义法律体系。（2013年2月23日）

译文：A system of socialist laws with Chinese characteristics, with the Constitution **to the fore** <J>, has been formed in China.

（16）原文：广大青年要坚持用邓小平理论、"三个代表"重要思想、科学发展观**武装** <W>（C:J）头脑……（2013年5月4日）

译文：Young people should **guide** <J> your actions with Deng Xiaoping theory, the important thought of the Three Represents and the Scientific Outlook on Development…

原文中"战争"源域中的概念"统帅"与目标域"宪法"形成跨域映射，将宪法形容为统率武装力量的主帅，凸显了宪法在中国特色社会主义法律体系的地位。译文"to the fore"以前行中的领路人替代了战争中的主帅意象，强调了宪法在中国特色社会主义法律体系中的引领作用。由于"统帅"与"前行者"在各自触发的概念域中的类似作用，都强化了宪法的重要地位，产生了相同的喻义，实现了相同的话语功能。例（16）中原文"武装"和译文"guide"分别描述了"战争"域与"行程"域中"配备武器"和"引领前行"的概念场景，而邓小平理论、"三个代表"重要思想、科学发展观等指导思想分别作为"配备武器"所构建场景中的工具成分和"引领"行为的行为人，被表征为"武器"和"领路人"，一同强化了其重要性。因此，隐喻的变异并没有改变原文的话语功能。同样的，例

（17）原文中的成语"一鼓作气"形容战斗中第一次击鼓时士气振奋，比喻趁劲头大的时候鼓起干劲，一口气把工作做完。这一成语将改革构建为一场战斗，强调改革进入新的阶段，需要坚持的决心。译文"press ahead without letting up"包括两个英语动词短语，"press ahead"和"let up"。前者构建了"不畏艰难坚持前行"的场景，而"without letting up"强化了不放弃的语义，传达了坚持改革的决心。

（17）原文：这个时候就要**一鼓作气**<W>（C:J）（2013年10月7日）

译文：it is extremely important that we **press ahead without letting up**<J>

另外两处常规"战争"隐喻分别被转化为常规"艺术"隐喻和常规"建筑"隐喻。原文中的"主力军"和"生力军"将"广大工人、农民、知识分子"表征为战斗中的主要部队，译文"play key role"将他们构建为演出中的主要演员。主力部队和主要演员对赢得战斗和完成演出的重要作用能够凸显全国广大工人、农民、知识分子在社会发展中发挥的重要作用。

（18）原文：全国广大工人、农民、知识分子……积极在经济社会发展中发挥**主力军**<W>（C:A）和**生力军**<W>（C:A）作用。（2013年3月17日）

译文：Workers, farmers and intellectuals throughout the country should give full rein to their talents, work diligently, and **play a key role**<A> in promoting economic and social development.

（19）原文：继续完善以宪法为**统帅**<W>（C:B）的中国特色社会主义法律体系

译文：continue to improve our socialist system of laws with Chinese characteristics **underpinned**<B> by the Constitution

而另外一处将宪法构建为战争中主帅的隐喻"统帅"被转化为动词"建筑"隐喻。动词"underpin"基本意义是指加固地基，用砖石结构在下面支撑的建筑场景，属于"建筑"语义域的认知元素，同时也具有"支持、巩固"等延伸的隐喻含义。在 BNC 中共有 198 例 underpin 的使用情况，我们随机抽取 100 个，发现全部用于建筑以外的领域，包括政治、教育、社会生活等。因此，在目的语中它的隐喻含义使用更加普遍。译者借助它的隐喻含义将宪法构建为中国特色社会主义法律体系这座建筑的地基。根据地基对于稳固建筑的重要性，译文保留了原文的喻义，强调了宪法的重要地位，传达了同样的政治观点。

五、"自然现象"隐喻的变异

在译文中产生变异的"自然现象"隐喻在原文中都是词汇化隐喻，包括成语"风风雨雨"和"风云变幻"以及名词"源泉"、"主流"、"支流"和"洪流"。"风风雨雨"描述了不断地刮风下雨的天气状况，常用来比喻障碍重重或者时代动荡。译者分别使用了英文习语"twists and turns"和含义相近的习语"ups and downs"来构建目标域：中国近代史上中国人民奋斗的过程和海峡两岸的关系。前者形容曲折的道路与溪流，表征不平坦的道路，属于"行程"概念域中的路径场景。在 BNC 中共有 40 例"twists and turns"，其中有 18 例用来表征"行程"之外的概念域，包括"曲折的人生"，如"But the journey of life has many twists and turns.", "情节复杂的艺术作品", 如 "The storyline has twists and turns to challenge the inattentive." 以及 "动荡的政坛", 如 "He had remained loyal to Balfour's policy throughout the recent twists and turns."。习语 "ups and downs" 使用频率更高, 在 BNC 中有 130 例, 全部都用来表征 "行程" 之外的抽象概念, 除了 "曲折的人生", "情节复杂的艺术作品" 和 "动荡的政坛", 还包括各种关系和情感, 如 "The wife and I have had our ups and downs over the years too, like all married folk." 中的婚姻和 "You can't know much about the ups and downs of love and passion if you think that." 中的爱情, 以及 "时好时坏" 的经济状况, 如 "Economic ups and downs pay no heed to national frontiers and economic growth in Washington."。因此, 译者使用隐喻含义相近的英语习语替代原文的习语, 虽然源域发生了变化, 由 "自然现象" 变为 "行程", 但产生了相同的喻义, 话语的功能没有转变, 都强调了 "近代中国的动荡" 和 "两岸关系" 的变迁。

成语 "风云变幻" 形容事物像风云那样变化不定, 常用来比喻时局变化迅速, 动向难以预料。习近平出访俄罗斯谈到世界局势时使用了这一隐喻表达。译者选择了意义相近的英语名词短语 "kaleidoscopic changes", 突出了目标域 "变化"（changes）, 并将我们所处时代的变化形容为 "万花筒般的变化"。"kaleidoscopic" 作为形容词, 在英语中通常修饰 "pattern" 和 "color", 形容变化快, 而在 BNC 中共有 29 例 "kaleidoscopic", 其中有两处的词组是 "kaleidoscopic changes", 包括 "kaleidoscopic change on the political scene" 和 "kaleidoscopic changes of fashion in pottery shapes and decorative styles", 分别形象地描述了政治局势和陶器时尚的快速变

第六章　隐喻变异

迁。因此，原有的"自然现象"隐喻被目的语中蕴含相同喻义的实物隐喻所替代，传达了原文的含义，保留了原文的功能。

（20）原文：我们所处的是一个**风云变幻**<N>（C:A）的时代，面对的是一个日新月异的世界……（2013年3月23日）

译文：We live in a time of **kaleidoscopic**<A> changes that make the world constantly different…

除了源域"天气"在译文中被转换为"行程"场景，词汇化隐喻表达"源泉"激活的"流水"场景也被替代为"行程"场景。"源泉"原指泉水的源头，也泛指水源，常用来比喻力量、知识、感情等的来源或产生的原因。如论述"两国人民的深厚友谊是国家关系发展的力量源泉"运用"X是Y"的结构，明确将两国人民的友谊表征为两国关系发展的原因。而译文"It is the people's deep friendship that drives state-to-state relations forward." 采用强调句式，凸显目标域"两国人民的友谊"（the people's deep friendship），并在其后的修饰成分中使用动词词组"drive forward"构建出行程中"前行"场景，两国关系发展被表征为行程，而人民的友谊被表征为前行的动力。因此，实物隐喻被转换为结构隐喻，构建为完整的概念场景，包括行为者和行为，由静态描述转换为动态场景，增强了论述的生动性和力度。

（21）原文：互利合作是周边国家对华关系的**主流**<N>（C:MA）。（2013年10月24日）

译文：Most of our neighbors maintain an amicable relationship **geared towards**<MA> mutual benefit and cooperation with China.

名词隐喻表达"主流"原指水的干流、比喻事物发展的本质和主要趋势。原文的论述在判定结构"X 是 Y"中运用这一词汇隐喻表达强调了中国与周边国家关系的主要趋势是互利合作。译文使用动词短语"gear towards",强调周边国家与中国交往是为了与中国互利合作,与原文意欲表达的对外思想一致。"gear"原属于机械范畴,动词短语"gear towards"意为"适合某一特定目的、情况或群体",属于词汇隐喻,虽然在 BNC 中没有实例,但在 iWeb 和 COCA 中各出现 68 例和 9 例。

另外,"流水"隐喻转换为同为实物隐喻的"植物"隐喻,如"分清主流和支流"被译为"distinguish the trunk from the branches"。它们分属于不同的概念范畴,但是主流与分流的关系与树干和树枝的关系类似,都表达主次关系,因此原文的含义没有因为译文语言的选择而改变。

(22)原文:在救亡图存、振兴中华的历史**洪流**<N>(C:W)中谱写了一曲曲感天动地的青春乐章。(2014 年 5 月 4 日)

译文:Have written inspiring chapters in the **struggles**<W> to save the country and rejuvenate the Chinese nation.

除了"行程"隐喻,实物"流水"隐喻还在译文中被转化为其他结构隐喻,如上面例子中由名词隐喻表达"struggles"实现的"战争"隐喻。原文的词汇化隐喻"洪流",形容巨大的水流,常比喻不可抗拒的社会发展趋势。相应的英文表达"powerful current"在 BNC 中虽然出现 5 次,但并没有在类似的语境下使用。译者选择构建"战争"场景,使人们联想到目标域中中国经历的战争,强化了目标域的内容。

第六章 隐喻变异

六、"艺术"隐喻的变异

产生变异的"艺术"隐喻与"自然现象"类似，都是汉语词汇化隐喻，包括名词隐喻"序幕"和"华章"以及成语"好戏连台"。

"序幕"原指某些多幕剧第一幕之前的一场戏，一般是介绍剧中人物和剧情，或预示全剧的主题，常比喻事情的开端。动词短语"打开序幕"，意即事件的开始，如"拉开了中国新民主主义革命的序幕"。而译文"kick off the New Democratic Revolution"中的动词短语"kick off"形容体育赛事的开始。它在BNC中共出现137例，其中有多处使用了隐喻含义，表征事物的开始阶段，如：

（23）The Liberal Democrats' campaign for the Richmond seat will **kick off** tonight with the formal adoption of candidate George Irwin in Northallerton Town Hall.

名词隐喻"华章"指华丽的乐章，常常用来歌颂功绩。习近平在联合国教科文组织总部演讲时提到了人类文明发展史，用了以下语句：

（24）原文：构成了波澜壮阔的文明图谱，书写了激荡人心的文明**华章** <A>（C:J）（2014年3年27日）

译文：present a magnificent genetic map of the exciting **march** <J> of human civilizations

译者为了便于译文读者理解，将它转换成由名词隐喻"march"实现的"行程"隐喻，它所构建的"前行"场景映射了目标域"人类文明的进步"。

成语"好戏连台"指精彩的节目连续演出或播放。习近平在博鳌论坛上谈及亚洲各国应该相互支持共同促进和平发展时使用了这一词汇，将各国合作的进展表征为舞台上上演的精彩节目。译者为了消除汉语特有的表达给译文读者造成的理解障碍，用英语经常使用的"行程"隐喻表达"progress"来表征相同的目标域：

（25）原文：不能这边搭台（D）、那边拆台（D），而应该相互补台、**好戏连台** <A>（C:J）。（2013 年 4 月 7 日）

译文：Rather than undermining each other's efforts, we should complement each other and work for joint progress<J>.

七、其他隐喻变异

其他产生隐喻变异的包括"生物体"隐喻、"体育竞技"隐喻和"机械"隐喻，共计 7 例。其中，"生物体"隐喻变异发生在次范畴之间，如"人类"隐喻和"动物"隐喻转化为"植物"隐喻。成语"害群之马"，原指危害马群的劣马，现代汉语中常比喻危害社会或集体的人。在关于党建的论述中，它用来指称不合格的党员。由于英语中没有对应的表达，译者选用了英文中具有相同含义的习语"the bad apple"，源域由"动物"范畴转变为"植物"范畴。类似的翻译方法用于翻译成语"一脉相承"。它形容人类从同一血统、派别世代相承下来，常比喻某种思想、行为或学说之间有继承关系。在原著的论述中用它来强调中华文明的历代传承，译者将其译为"kept to its original root"。"root"基本含义属于"植物"范畴，但在英语中是典型的词汇性隐喻，常指代事物的根源和原因，与原文有相同

第六章　隐喻变异

的隐喻含义。

汉语成语"血肉联系"比喻非常密切、依存的关系。在中国共产党发展历程中,"血肉联系"一词有较长的历史,最初被用来形容军民关系,现在主要是对党群关系密切程度的一个比喻。英文中缺少对应的"人类"隐喻表达,译者将其转变为实物隐喻"tie",并用形容词"close"修饰,译为名词短语"close tie",传达了原文的含义。

变异的隐喻也包括个别的新奇隐喻。如论述政府在住房保障和供应体系建设中的重要作用时,习近平用足球比赛用语"补好位"来强调市场化与政府提供公共服务之间的关系,用足球比赛中队员之间的配合来形容市场经济和政府干预之间的协调关系。译者为了减少新奇隐喻给译文读者带来的理解负担,选择了英语动词短语"step in"。它原来属于"行程"场景,常用来形容参与处理某些棘手的情况。

(26) 原文：政府必须"补好位"<SP>（C:J）,为困难群众提供基本住房保障。(2013年10月29日)

译文：The government must **step in**<J> to provide them with basic housing.

新奇隐喻"牵引"属于机械用词,指装有动力的车(船)对联挂的无动力的车(船)进行的拖动运行,强调动力车在机械运转中的重要作用,原著中它论述了经济体制改革对中国整体改革进展的推动,如"突出经济体制改革牵引作用"和"发挥经济体制改革牵引作用"。译者在这两处选择将它转换为不同的隐喻。前者译为"highlight the leading role of reform of the economic system in promoting development",构建出"前行"场景,整体发展被构建为"行程",而经济改革通过名词短语"the leading role"被描述为起引领作用的因素。后者译为"give full play to their catalytic role",经济改革被表征为化学实物催化剂"catalyst"。"catalyst"具有传统的隐喻含义"引起事物变化的因素"。

原著中也出现了常规隐喻创造性使用的情况。原著在论述深入推进党风廉政建设和反腐败斗争时,提到要加强党委的主体责任和纪委的监督责任,指出"不能让制度成为纸老虎、稻草人"。毛泽东在延安与安娜·路易丝·斯特朗谈话时首次使用"纸老虎"一词,指出"一切反动派都是纸老虎"。如今,"纸老虎"已成为汉语俗语,比喻外表强大凶狠而实际空虚无力的人或集团。原著使用它形容制度不能像纸老虎,纸老虎是纸做的,能吓唬人,不会吃人,制度要落实,即要落实党风廉政建设责任制。"稻草人"指用草扎成的假人,比喻没有实际本领和力量的人,同属于汉语中的词汇化隐喻,在相同的语境中它所映射的目标域也从"人"、"集体"扩展到制度这一抽象概念。与"纸老虎"和"稻草人"对应的英语表达分别为"paper tiger"和"scarecrow",前者指称外强中干的人或事物(a person or thing that appears threatening but is ineffectual),后者与"稻草人"的指称相同,形容"可怕但无害的东西"。对于原文的词汇化隐喻的创造性使用,译者没有选择这些对应的语言表达,而是译为"to prevent our institutions from becoming a facade"。"facade"属于建筑领域的词汇,通常指代高大建筑的正面,它的隐喻含义是形容"使某人或某事看起来比实际情况更令人愉快或更好的假象"。在BNC中共有264例"facade",在随机抽取的30例中,有18例都使用了隐喻含义,例如"behind the facade of respectability can be found corruption, political oppression and even drug-trafficking",以及"to see the truth beneath the facade of propaganda",分别用它来表征抽象的概念：体面以及宣传。因此，译文传达了以下语义：避免让制度流于形式，与原著强调落实各项制度的用意一致。

八、小结

发生变异的隐喻绝大多数都是常规隐喻，包括词汇化隐喻和成语。虽然源域在译文中都有变化，并没有使用对应的英文表达，但在语言层面上也是由英文常规隐喻来实现，属于归化翻译策略。同样类别的隐喻被转换为不同的隐喻种类，如变异的"行程"隐喻在不同的语境下被转换为"建筑"、"战争"、"机械"和"竞技"隐喻。即使原文和译文在表征同样的目标事物时选择了不同的源域概念，但并没有凸显目标事物的不同方面，而是强化了同样的隐喻含义，保留了原文的语义，实现了认知对等，传达了相同的政治观点与理念，保留了原文的交际目的。

隐喻变异发生在概念认知层次相近的隐喻种类之间。在《习近平谈治国理政（第一卷）》中，"行程"与"建筑"隐喻相互转换的频率最高，在发生变异的11例"行程"隐喻中，有7例转换为"建筑"隐喻，而几乎所有发生变异的"建筑"隐喻都转换为"行程"隐喻。在不同文化中"行程"和"建筑"隐喻都用来表征"有目的的、分阶段的社会活动"，并且包括类似对应的概念元素，如参与者、利于或阻碍活动进展的因素等。这种认知层面的共享会产生认知对等，不会因为变异产生理解困难。

同一概念的次范畴之间也同样产生了变异现象，如译文中有

"人类"隐喻与"动物"隐喻转换为"植物"隐喻。这三类隐喻同属于"生物体"隐喻，有许多共享的概念元素，如"生命特征"，都经历繁殖、生长、死亡的过程，具有参与这一过程的各种元素。这些元素之间的转换能够凸显共同的认知。

另外变异的隐喻能够传达原文的含义，主要原因在于其语言表达触发的概念场景和概念元素在新源域范畴内的功能与原有源域所强调的一致，或者突显了类似的关系，如"统帅"这一角色在"战争"范畴内的功能与"引领者"角色在"行程"中的功能一致，而"主流与支流"的关系与"主干与树枝"的关系相同。因此，变异隐喻能够突出同一目标概念的相同特征，正确地传达原文语义。

除了保留原文语义，变异隐喻还可以丰富原文语义。以上分析显示译文源域某些特征会触发原文源域不能触发的概念，如表征某项事业的成功，"建筑"隐喻替代"行程"隐喻，某项事业的成功不再由"路程"终点来表征，而由"建筑物"来映射，"建筑物"高大稳固的特征会强化正面评价，从而丰富了原文的语义。另外，以上分析还显示不同类型隐喻之间，尤其是从"实物"隐喻到"结构"隐喻的转换，可以由静态的单纯两个实物之间的映射变为动态的完整概念场景的构建，丰富了论述内涵和力度。

第七章 隐喻删除

一、引言

译者采用归化策略,除了使用变异隐喻的翻译方法之外,还会将原文隐喻直接忽略、或者删除,用目的语的非隐喻表达替代。《习近平谈治国理政(第一卷)》中共有344处隐喻在译文中被取消,包括常规隐喻和新奇隐喻被删除的情况。其中常规隐喻被删除的比例高于新奇隐喻,包含282处词汇化隐喻和30处成语表达,涉及"行程"、"建筑"、"生物体"("人"、"动物"、"植物")、"自然现象"、"疾病"、"机械"、"战争"、"艺术"、"食物"、"体育竞技"等概念隐喻。因此,本章主要讨论常规隐喻表达和新奇隐喻表达消失后,原文中构建的概念场景是否得以保留,译者采取归化策略的同时运用何种方法使原文含义完整地表达出来。

二、词汇化隐喻的删除

由于中外文化体验的共通性,汉语与英文会用相对应的语言词汇来构建相同的目标概念,如用"道路"和"path"表征国家的发展过程,"方向"和"direction"描述发展中坚守的原则,"加快"

和"speed up"用提高前行速度的场景形容发展的速度,而"逐步"与"step by step"对各项事物逐渐发展进行隐喻表征。在构建"建筑"的语言表达中,"建设"和"构筑"与"to build"相对应,"平台"与"platform"相对应,"基础"与"base"和"foundation"相对应,分别表征国家发展和各项工作开展情况,事物发展所需的环境以及发展的起点。类似地,表征自然环境的词汇"潮流"与"风雨"在译文中使用"tides"、"storms"等相应的英文表达构建世界发展趋势和各国在发展中经历的困难。其他相对应的汉语与英文表达还包括"逐步–gradual"、"稳步–steadily"、"健康–healthy"、"根植–rooted"、"源头–source"、"硬骨头–hard bones"、"法宝–wand"、"主旋律–theme"和"战线–front"等。

同时,上述汉语隐喻表达在译文中存在着不同程度被非隐喻英文表达替代的情况(见表7.1)。最常见的方法是舍弃原文概念场景中的源域概念,突出目标概念。如"道路"翻译为"development","共建"译为"joint efforts to develop","平台"译为"practical circumstances","大潮"和"潮流"译为"trend","构筑"译为"foster","风雨"译为"trials and hardships","风云"译为"international situations","标杆"译为"examples"。有时,词性有所改变,如"主流"被翻译为"by and large"。英语习语"by and large"意为"on the whole"(总体上),能够传达"主流"的隐喻义"事物发展中本质的、主要的方面,事物发展的基本趋势和发展的方向"。

在下面例子中,英文名词短语"joint efforts"替代原文隐喻表达动词结构"携手",与后面的形容词修饰成分"close"共同保留了原文的目标域概念"紧密的合作"。

第七章　隐喻删除

（1）原文：携手 <PE>（D）建设 <B> 紧密的中国—东盟命运共同体（2013年10月3日）

译文：through our joint efforts, we can build a close China-ASEAN community of common destiny

表7.1　被删除的词汇化隐喻

概念场景	汉语隐喻表达	数量	删除数量	翻译实例
道路	道路	123	18	不断拓宽两岸关系和平发展的**道路** <J>(D)（2013年6月13日） expand steadily the scope of peaceful **development** of such relations
道路	方向	45	10	始终保持部队建设 <B>(D) 坚定正确的政治**方向** <J>(D)（2012年12月8日、10日） to ensure that our work is always done in accordance with the right political **principles**
道路	途径	15	4	呼吁叙利亚冲突双方通过政治**途径** <J>(D) 解决危机（2013年9月13日） to work out a political **solution** to the crisis
前行	稳步	4	4	**稳步** <J>(D) 推进 <J>(D) 国际经济金融体系改革（2013年4月7日） **steadily** reform the international economic and financial systems
前行	逐步	7	4	我国所有制结构逐步 <J>(D) 调整（2013年11月9日） the structure of ownership has undergone **gradual** adjustment
前行	进一步	26	26	各项扶持政策要**进一步** <J>(D) 向革命老区、贫困地区倾斜(D)（2012年12月29日、30日） **more** considerations should be given to the old revolutionary bases and the impoverished areas

(续表)

前行	走向	5	5	如果我们脱离（A：J）群众、失去人民拥护和支持，最终也会走向 <J>(D) 失败。（2012 年 11 月 17 日） If we stray from the people and lose their support, we will **end up in** failure.
	加快	32	5	要加快 <J>(D) 沿边地区开放（2013 年 10 月 24 日） we should open the border areas **more quickly**
	促进	26	19	促进 <J>(D) 生产关系与生产力、上层建筑 <B> 与经济基础 <B> 相协调（2012 年 11 月 17 日） to **promote** harmony between the relationships of production and the productive forces, and between the superstructure and the economic base
建造过程	建设	196	77	加强社会主义核心价值体系建设（2013 年 8 月 19 日） **intensify** the recognition of the core socialist values
	共建	5	5	我们是共建 <B>(D) "一带一路"的天然合作伙伴（PE）（2014 年 6 月 5 日） we are natural partners in **a joint effort** to develop the "One Belt and One Road"
	构筑	2	1	为了构筑 <B>(D) 伙伴关系（2013 年 3 月 27 日） for the great goal of **fostering** partnership
地基	基础	76	4	培养干部，要抓好党性教育这个核心，抓好道德建设这个基础 <B>(D)（2013 年 6 月 28 日） in this training, we must pay more attention to education on commitment to the Party, virtue and morality

第七章 隐喻删除

(续表)

建筑结构	平台	11	1	要强化干部实践锻炼，积极为干部锻炼成长搭建平台 <B>(D)。（2013年6月28日） we also need to strengthen the training of officials in **practical circumstances** to facilitate their progress.
河水	主流	5	4	我们党员干部队伍的主流 <N>(D) 始终是好的 (2013年6月28日) our party is **by and large** sound
	长河	2	2	历史长河 <N>(D)（2014年5月30日） long **course** of history
	大潮	2	2	我国正处在这个大潮 <N>(D) 之中，受到的影响越来越深。（2014年2月27日） china is going along with and being profoundly influenced by this **trend**.
	潮流	14	11	顺应时代发展潮流 <N>(D)（2013年4月8日；2013年10月6日） follow the **trend** of the times
	源头	11	1	从源头 <N>(D) 上预防和减少社会矛盾的产生（2014年4月25日） tackle social conflicts at the **source**
	水分	2	2	经济增长必须是实实在在和没有水分 <W>(D) 的增长（2012年11月30日） be genuine and **not inflated**
天气	风雨	11	1	那就是不管台湾遭遇什么风雨 <N>(D)，不管两岸关系历经什么沧桑 <N>(D)（2014年2月18日） no matter what **trials and hardships** Taiwan has experienced, and no matter what **vicissitudes** …have been through
	风云	1	1	不管国际风云 <N>(D) 如何变幻（2013年3月27日） no matter how **international situations** may unfold through over the past decades

(续表)

地势	低谷	1	1	世界经济逐步走出**低谷** \<N\>(D)（2013 年 9 月 5 日） the world economy is gradually **recovering**
	滑坡	1	1	理想信念**滑坡** \<N\>(D) 是最危险的**滑坡**（2013 年 6 月 28 日） **the most dangerous moment** is when one wavers in or begin to show doubt about one's ideals and convictions
人的状态、特征与行为	健康	6	1	经济社会发展基本面是**健康**的 \<PE\>(D)（2012 年 11 月 30 日） a generally **positive** analysis of China's economic and social development
	脉络	2	2	发展**脉络** \<PE\>(D)（2014 年 2 月 24 日） to explain clearly **the historical origin**, evolution
	携手	1	1	**携手** \<PE\>(D) 建设 \<B\> 紧密的中国—东盟命运共同体（2013 年 10 月 3 日） through our **joint efforts**, we can build a close China-ASEAN community of common destiny
植物	植根	8	3	始终**植根** \<PL\>(D) 人民、造福人民，始终保持党同人民群众的血肉**联系** \<PE\>(C:tie)（2012 年 11 月 17 日） we should always **be part of** the people, work for their interests, and maintain close ties and share good and bad times with them
	根扎	1	1	把**根扎** \<PL\>（D）在了中国（2014 年 6 月 5 日） **settle down** in China

第七章　隐喻删除

(续表)

疾病	软骨病	2	1	没有理想信念，或理想信念不坚定，精神上就会"缺钙"<ME>(D)，就会得"软骨病<ME>"(D)（2012年11月17日） while an absence of ideals and convictions or wavering in our ideals and convictions will lead to **fatal moral weakness**
	症结	3	2	思想不解放，我们就很难看清各种利益固化的症结<PE>(D)所在（2013年11月9日） if the mind is not free we can hardly see **the crux** of our problems with the interest groups
	后遗症	1	1	最后拍屁股走人，留下一堆后遗症<ME>(D)（2013年6月18日） walk away when they fail, and leave behind **an unresolved mess**
	顽瘴	1	1	敢于向积存多年的顽瘴<ME>(D)痼疾<ME>(D)开刀<ME>(D)，切实做到改革不停顿、开放不止步<J>（2013年10月7日） and **take on the deep-rooted problems** that have piled up over the years
	开刀	1	1	
机器	主轴	2	2	在全面深化改革中，我们要坚持以经济体制改革为主轴<MA>(D)(2013年11月12日） as we continue to reform comprehensively, we should keep our **focus** on economic reforms
	标杆	3	3	大家要把他们立为心中的标杆<MA>(D)（2014年5月30日） take them as **examples** in pursuing virtues
商业活动	折扣	3	3	做到不打折扣<BU>(D)（2013年11月24日） **making no accommodations**

(续表)

艺术	走过场	3	3	不走过场 <A>(D)，务必见到成效。（2013年11月24日） or merely **going through formalities**. We must aim at actual results.
	主旋律	4	1	当代工人不仅要有力量，还要有智慧、有技术，能发明、会创新，以实际行动奏响时代主旋律 <A>(D)（2013年4月28日） workers in China today should have not only strength, but also vision, expertise, and the capability to invent and innovate, so that they can create with action **a splendid China**
战争	死角	1	1	不留死角 <W>(D)（2013年11月24日） leaving **no place unchecked**
	战线	8	5	所有宣传思想战线 <W>(D) 上的党员、干部（2013年8月19日） all party members and officials **specializing in** publicity and theoretical work
食物	糟粕	1	1	去其糟粕 <F>(D)，取其精华，从中获得启发，为我所用（2013年3月1日） reject what is base – **obtaining enlightenment** and employing it for our own use
	硬骨头	5	2	当前改革需要解决的问题格外艰巨，都是难啃的硬骨头 <F>(D)（2013年10月7日） **the problems** we face in the current phase of reform are **especially difficult**
体育或娱乐	靶子	1	1	找准靶子 <SP>(D)，有的放矢 <SP>(D)，务求实效。（2013年6月18日） We must be precise in identifying our **targets**, and achieve effective results.
	有的放矢	1	1	
	底线	2	2	法律底线 <SP>(D) 不能逾越（2014年1月7日） make sure that they do not do anything that **violates** the law

第七章　隐喻删除

(续表)

其他	经纬	1	1	我们应该通盘考虑亚洲安全问题的历史经纬 <G>(D)和现实状况（2014年5月21日） we should take full account of the **historical background** and reality
	法宝	3	2	是我们不断提高中非合作水平的重要**法宝**<TR>(D)（2013年3月25日） …is **crucial** for steadily upgrading China-Africa cooperation

类似的例子还包括"硬骨头"的翻译。多数情况下英文表达"hard bones"完整保留了原文的源域概念，而删除源域概念突出目标域概念的方法使原有的名词结构中的核心名词"骨头"和其修饰成分"硬"被拆分，"骨头"所描述的对象"发展中的问题"以及其修饰成分"硬"所表征的含义"困难的"，分别作为主语和补足语在译文中体现出来。

除了通过直接用目标事物替代原文的隐喻表达，译者还通过保留喻义，传达原文的语义。如例（2）中的"法宝"原是佛教用语，也指神话中能制伏或杀伤妖魔的宝物，它的传统喻义是表征特别有效的工具、方法或经验。原文将开拓精神表征为法宝，强调这种精神的重要性，译文用"be crucial for"结构完整地保留了原文的语义。

（2）原文：这种**逢山开路、遇水架桥**<J>的开拓精神，是我们不断提高中非合作水平的重要**法宝**<R>（D）。（2013年3月25日）

译文：Such an enterprising spirit of "**cutting a way through when confronted by mountains and building a bridge when** blocked by a river" is crucial for steadily upgrading China-Africa cooperation.

同样的隐喻表达由于在不同语境中映射的目标域概念有差异，在译文中会采用不同的英文表达。例如，"方向"构建了"行程"场景中的"前进的目标"，在不同语境下映射不同的事物，除了"基本原则"，还包括"目标"和"政治倾向"，在译文中用"what we must pursue"和"diplomatic priority"来表达，如：

（3）原文：中国特色社会主义是当代中国发展**进步** <J>（D）的根本**方向** <J>（D）……（2013年4月28日）

译文：Chinese socialism is what we must pursue if we are to achieve development and make progress in contemporary China…

（4）原文：始终是中国外交政策的优先**方向** <J>（D）之一（2013年3月27日）

译文：… has always been a diplomatic priority for China.

有些隐喻表达被删除是由于原文中相邻或相近的两个隐喻表达喻义一致，表征的目标概念一致，在译文中为了行文的简练，在不影响原文意义表达的情况下，直接突出目标域，如下面例子中的"找准靶子"和"有的放矢"：

（5）原文：找准**靶子** <SP>（D），**有的放矢** <SP>（D），务求实效。（2013年6月18日）

译文：We must be precise in identifying our targets, and achieve effective results.

另外，有些汉语词汇化隐喻在英语中相对应的表达并不具有相似的隐喻含义，如"软骨病"这一描述骨质软化症或佝偻病的汉语专业术语，会用来隐喻性地形容态度不坚定，没有骨气，遇到压力就动摇的人，而它相应的英语术语并没有这种功能，因此译文直接根据上下语境将它表征的目标域概念用英文表达"fatal moral weakness"来替代。

三、成语隐喻的删除

原文有47处成语隐喻在译文中被取消，即成语构建的源域概念场景在译文中没有出现。译者多采用归化翻译策略，选择传达它们喻义的英语词汇或习语直接表征。

表7.2 成语隐喻删除情况

成语隐喻	喻义	英语翻译	删除数量	比例
同舟共济	利害得失相同者要患难与共，通力合作	stick together through thick and thin; stick together in time of difficulty	3	60%
固步自封	比喻安于现状，不求改善	be complacent; …any complacent ideas and actions	2	100%
举步维艰	比喻办事情每向前进行一步都十分不容易	are fraught with difficulty	1	100%
牵线搭桥	比喻从中撮合，使建立某种关系	to strengthen connections and exchanges between	1	100%
栋梁之才	比喻能担当国家重任的人才	capable personnel who can shoulder important social responsibilities	1	100%

(续表)

土崩瓦解	比喻彻底垮台	be disintegrated	1	100%
搭桥铺路	比喻为办成事情而准备条件	to facilitate	1	100%
功亏一篑	比喻做事情只差最后一点却没能完成	to fall short of our aims	1	100%
源远流长	比喻历史悠久	the long-developed; date back a long time; the time-honored; has a long history stretching back to antiquity	4	100%
物换星移	比喻景物的变迁，世事的更替	things changed as the seasons change	1	100%
沧海桑田	比喻世事变化很大	the enormous changes	1	100%
坚如磐石	比喻非常牢固，坚不可摧	strong	1	33.3%
一脉相承	指某种思想、行为或学说之间有继承关系	that have been carried on for generations	2	67%
血肉联系	比喻关系密切	the intimate relationship	1	50%
囫囵吞枣	比喻读书等不经消化理解，笼统接受	without trying to understand them properly	1	100%
新陈代谢	比喻新事物生长发展，代替旧事物	the new replacing the old	1	50%
薪火相传	比喻学问和技艺代代相传	formed through generations; has passed down through the generations	2	67%
开花结果	比喻工作有进展，并取得了成果	succeed and deliver real benefits	1	100%
如鱼得水	比喻得到跟自己很投合的人或对自己很合适的环境	getting on well in official circles	1	100%

第七章　隐喻删除

(续表)

爱惜羽毛	比喻珍惜自己的名声	cherish	1	100%
虎头蛇尾	比喻做事有始无终，起初声势很大，后来就马马虎虎，劲头越来越小	start off full of sound and fury and then taper off in a whimper	1	100%

除了将成语隐喻译为非隐喻性语言，译者有时还会直接忽略某些成语隐喻，如上面例（5）中的成语"有的放矢"，以及下面的"蜻蜓点水"、"刮骨疗毒"、"积沙成塔"、"积跬步以至千里"、"依样画葫芦"、"快马加鞭"和"春风化雨"。

（6）原文：有的学了也是为应付场面，**蜻蜓点水** <An>（D），浅尝辄止，不求甚解，无心也无力在实践中认真运用。（2013年6月18日）

译文：Others content themselves with **the most superficial understanding**, which they can use as window-dressing instead of applying it in real work.

（7）原文：全党同志要……以**猛药去疴** <ME>（C:S）、重典治乱的决心，以**刮骨疗毒** <ME>（D）、壮士断腕的勇气，坚决把党风廉政**建设** <B>（D）和反腐败斗**争** <W>进行到底。（2014年1月14日）

译文：We must be firm in our determination and demonstrate great courage in carrying this **campaign** through to the end. Just as **we would take a heavy dose of medicine to treat a serious disease**, we must apply stringent laws to address disorder.

（8）原文：只要坚持下去，必定会积少成多、**积沙成塔** <B>（D），**积跬步以至千里** <J>（D）。（2013年3月1日）

译文：As long as we apply ourselves, even half an hour of reading a day, just a few pages, will **add up over time**.

（9）原文：跟在他人后面亦步亦趋 <J>（D），**依样画葫芦** <A>（D），是不可能办成功的。（2014年5月4日）

译文：It won't do to **copy others mechanically.**

（10）原文：问题看到了，就要以时不我待的精神，**快马加鞭** <J>（D）改变这个局面。（2014年6月9日）

译文：We should **waste no time** in making a difference.

（11）原文：根据少年儿童特点和成长规律，循循善诱，**春风化雨** <N>（D）。（2014年5月30日）

译文：Teachers should take into consideration children's personalities and traits, and patiently impart knowledge and **cultivate virtues.**

上下文中出现的语言表达，包括"找准靶子"、"浅尝辄止，不求甚解"、"积少成多"、"依样画葫芦"、"时不我待"，这些隐喻和非隐喻表达与上下文含义相同，为了行文简洁，译文将它们忽略，不会对原文语义造成缺失，同时也符合英文的表达习惯。有时，原文为了增强论述的强度和感染力，会连用成语隐喻表征同一话题，如："纷繁多变、鱼龙混杂 <AN>（D）、泥沙俱下的社会现象"。"鱼龙混杂"和"泥沙俱下"的源域不同，但都形容好的和坏的事物混合在一起，具有共同的隐喻含义。译者将其译为"a multifaceted society of genuine and false ideas"，直接呈现它们所表征的目标事物，保留

第七章　隐喻删除

了原文的交际功能，并且能够避免异化翻译带来的理解困难。类似的情况还包括下面的例子：

（12）原文：……真正使创新创造**落地生根** <PE>（D）、**开花结果** <PL>（D）。（2013年10月21日）

译文：…only in this way can innovation and creativity **succeed and deliver real benefits.**

前后两个成语"落地生根"和"开花结果"都描述了植物的整个生长过程：生根、开花、结果，用生物体的生长成熟过程映射创新造福社会的过程。它们共同的目标域在译文中直接得以体现。

在取消隐喻表达的同时，译者会使用隐喻含义的引申义。如成语"牵一发而动全身"的基本含义是指"牵动一根头发就会涉及整个身体"，比喻动极小的部分就会影响全局，引申为这一极小的部分非常重要，或它与其他部分关系密切。如下面语境涉及的网络安全和信息化与社会其他领域的密切关系以及重大经济体制改革在整个体制改革中的重要地位。

（13）原文：网络安全和信息化对一个国家很多领域都是**牵一发而动全身** <PE>（D）的。（2014年2月27日）

译文：Cyber security and IT application <u>are closely interconnected</u> with many other fields in any country.

（14）原文：重大经济体制改革的**进度** <J> 决定着其他方面很多体制改革的**进度** <J>，具有**牵一发而动全身** <PE>（D）的作用。（2013年11月12日）

译文：The **tempo of progress** in major economic reforms

determines that of a host of other reforms, playing <u>**a critical part**</u> in the overall situation.

另外，形容"砍倒荆棘开路"行为的成语"披荆斩棘"属于"行程"隐喻，在讴歌为中非关系做出贡献的人们的语境中，构建了其作为开拓者在前进道路上清除障碍的行为。译者在语言层面没有呈现它所建构的概念场景，只保留了对开拓者的指称，用相应的英语词汇"pioneer"来实现。

（15）原文：我们将永远铭记为中非关系发展**披荆斩棘**<J>（D）、呕心沥血的人们。（2013 年 3 月 25 日）

译文：We will always honor the memory of all those <u>**pioneers**</u> who devoted themselves to building China-African relations.

表 7.2 中的数据显示译者对待相同的成语在不同语境会采用不同的翻译方法。成语隐喻"坚如磐石"，意为"坚牢犹如厚重的大石"，隐喻性地表征非常牢固、坚不可摧的事物，其语言结构突出了源域以及其映射到目标域的特征。尽管它有对应的英语隐喻表达"rock-solid"（在 BNC 中共有 27 例），在《习近平谈治国理政（第一卷）》中出现的 3 例，有 2 例翻译译者采取了删除隐喻的方法，但具体翻译方法又有所区别。一处是用非隐喻性的对应英语表达翻译，将"坚如磐石的精神和信仰力量"译为"strong will and faith"，另一处出现在成语"安如泰山"之后，一起形象地强化了前面的诗句"我自岿然不动"塑造的党的形象，译文为了使行文简练，符合译文读者的习惯，只翻译了诗句。

（16）原文：党只有始终与人民心连心、同呼吸、共命运，始终

第七章　隐喻删除

依靠人民推动历史**前进** <J>，才能做到哪怕"黑云压城城欲摧"<N>，"我自岿然不动"<B>，**安如泰山、坚如磐石** <N>（D）。（2013年6月18日）

译文：The Party must dedicate its soul and mind to the people, share their weal and woe, and rely on them to continue to **make progress**. Only then "**steadfastly we stand** our ground' against 'ominous storms that threaten to engulf us'.

个别成语隐喻在译文中采用了"异化策略"。下面引语中的隐喻"有的放矢"，按照字面意思逐词翻译为"shooting the arrow at the target"。这样的译文在BNC没有找到实例，读者不容易接受。但在随后的语境中，译者对它包含的两个源域"矢"和"的"所映射的目标概念提供了详细的解释。基于人们对"arrow"和"target"所属射箭概念域的认知，译文读者不难理解毛泽东所论述的马克思主义与中国革命、建设与改革的关系。

（17）原文：毛泽东同志还把实事求是形象地比喻为"**有的放矢**"<SP>。我们要坚持用马克思主义的"矢"去射中国革命、建设、改革的"的"。（2013年12月26日）

译文：He also used the metaphor "**shooting the arrow at the target**", that is, **we should shoot the "arrow" of Marxism at the "target" of China's revolution, modernization drive and reform.**

四、新奇隐喻的删除

原著中共有 31 处新奇隐喻被删除。多数情况下，译者取消源域概念，采用直接表征目标域概念的英文表达。如"断层线"原是地质术语，指地壳断裂面露出地面的线，跨域映射不同国家之间的分歧，译文用"division"替代，直接传达了原文的喻义。类似被删除的名词隐喻还包括"肉"、"基因测序"、"三级跳"。译文并没有使用对应的表征食物的词汇以及生物与体育术语，而是分别用"job"、"origin"、"the stages of research, development and application"直接对其映射的目标概念进行表征。虽然有失生动，但利于译文读者准确理解原文作者想要传达的政治观点。"抓手"是由汉语方言词引申出来的新词，原义指可依托的把手，活跃在政治文本和新闻报道中，隐喻地表征重点工作、重要途径、突破口、切入点等。因此，例子中的"有效抓手"译为"effective means"，避免了译文读者对汉语新词理解的障碍，同时传达了原文的含义。

另外，一些新奇的动词隐喻表达也被取消，它们所映射的现象用相应的非隐喻英文表达表征。如开展外交工作被形容为一段行程，"跨上新的台阶"构建出工作中取得的新进展，在译文中用动宾结构"achieve new success"表示。类似地，围棋比赛中"下先手棋"的策略形象地表征工作中的主动行为，译为"take the initiative"，而前行中"步子要稳"的场景映射工作中谨慎的态度，译为"take discreet attitude"。"把权力关进制度的笼子"中将"权力"比作"野兽"，制度比作"笼子"，就像野兽被关进笼子才能避免对人类的伤害一样，权力只有受制度的约束，才会对社会无害，因此这个类比意欲传达的思想就是要将权力制度化。译文采用相应的动词"institutionalized"

第七章　隐喻删除

准确地传达了讲话者的用意。

有时，原有源域在译文中消失，译者却突出了该概念投射到目标域的特征。如将社会主义核心价值观的影响比作空气，译文取消了对抽象概念的隐喻表征，却通过表达"happen, anytime and anywhere"突出了空气"无处不在，无时不有"的特征，传达了原文的喻义，即核心价值观的广泛和长久影响。相同的情况还包括对"铁的纪律"的翻译。"铁"与"纪律"形成跨域映射，"铁"的特性"坚硬"与纪律的特点"严格"所对应，译为"strict discipline"。

相邻的两个隐喻表达如果表征相同的目标域，且喻义相同，为了行文简洁，往往会在译文中只保留一个，如"一体之双翼"和"驱动之双轮"都强调网络安全和信息化对中国发展具有同等重要的作用，译文保留了前者。另外，在阐述党与人民群众的关系时，原著同时使用了"植物"隐喻和"人类"隐喻。根对植物生长的重要性以及血脉对人类成长的作用都映射着人民群众对党发展壮大起到的决定作用。因此，译文只保留了"植物"隐喻，由动词隐喻"be rooted in"实现。

有时译者取消源域，同时在上下文对目标域进行白描式的描述。最典型的例子就是"快车道"和"抓手"被删除的情况。新奇"行程"隐喻"快车道"共出现三次，有两处采取了对应翻译方法，译为"fast track"，但剩余的一处取消了源域概念，对它表征的目标域概念即"能源快速发展的途径"，并没有使用专门的英语词汇进行表征，但对具体的途径进行了描述：包括"坚定不移推进改革，还原能源商品属性，构建有效竞争的市场结构和市场体系"等。

（18）原文：推动 <J>（D）能源体制革命，打通能源发展**快车道**

<J>（D）。坚定不移推进改革，还原能源商品属性，**构建**<B>有效竞争的市场结构和市场体系，形成主要由市场决定能源价格的机制……（2014年6月13日）

译文：We will proceed with reform, restore energy's status as a commodity, build a system of workable competition, and put in place a mechanism in which energy prices are largely driven by the market…

而"抓手"除了使用"means"直接表征目标域外，有一处翻译也对目标域进行了白描式的具体阐释。原文中源域"抓手"和目标域"完善各种制度"同时出现，完成显性跨域映射。译文取消了"抓手"，但保留对目标域的具体描述。同时前一小句中的形容词"major"和动词短语"focus on"也在一定程度上传达了"抓手"的喻义。

（19）原文：下一步 <J>，关键是要抓住制度建设这个重点，以完善公务接待财务预算和审计、考核问责、监督保障等制度为抓手。（2013年2月22日）

译文：Our next major **step** is to focus on improving the system with regard to official receptions, financial budgets and audits, assessment and accountability, and supervision.

有些新奇隐喻如果保留，会给译文读者造成理解上的困惑，包括"交答卷"和"最大公约数"。两者都属于教育范畴，相应的英文表达"answer sheet"和"common divisor"的使用仅限于教育范畴（它们在BNC语料库中分别出现6例与9例，全部用于考试和教学语境）。原文将"中国梦"比作"最大公约数"表明它是中国人民共同的梦想,因此译文对隐喻的引申义进行了表述"a dream that the whole nation strives for"。同样,就像学生向老师交出满意的答卷达到老师期许一样,政府的工作成果也要满足人民的期望。因此,"交出答卷"就被译为"for the expectations",传达了隐喻的喻义。

个别新奇隐喻的删除有待进一步商榷。如名词隐喻"指挥棒"用来表征人才评价体系,用指挥棒在乐队演奏中的指挥功能来映射评价体系在人才培养中的重要作用。译文删除了这一隐喻,没有传达出对人才评价体系作用的强调。

表7.3 被删除的新奇隐喻

汉语隐喻表达	总数量	删除数量	翻译实例
快车道	3	1	推动 \<J\>(D) 能源体制革命,打通能源发展快车道 \<J\>(D)(2014年6月13日) We must **revolutionize** the energy market.
步子要稳	6	3	坚持积极稳妥,设计改革措施胆子要大、步子要稳 \<J\>(D)(2013年11月9日) it had to take an active yet **discreet attitude** when designing the reform
在路上	15	4	作风建设永远在路上 \<J\>(D)。(2014年3月9日) Promoting good Party conduct is always **high on our agenda**.
跨上新的台阶	1	1	中方真诚祝愿并坚定支持非洲在联合自强的道路上步子迈得更大一些 \<J\>,推动非洲和平与发展事业不断跨上新的台阶 \<J\>(D)。 (2013年3月25日) We sincerely hope that Africa will **make bigger strides** in seeking strength from unity and **achieve new success** in peace and development.

（续表）

奔	2	2	让乡亲们都能快点脱贫致富奔 <J>（D）小康。（2012年12月29日、30日） To free them from destitution so that they can **live** a better life as soon as possible
抓手	2	2	论坛已经成为丰富中阿关系战略<W>内涵、推进<J>(D)中阿务实合作的有效抓手<B>(D)（2014年6月5日） forum has become an effective means by which we are able to enrich the strategic content of China-Arab relations and promote pragmatic cooperation between the two sides
空气	5	1	使核心价值观的影响像空气一样无所不在、无时不有<N>(D)（2014年2月24日） we should make use of every opportunity to make this happen, anytime and anywhere
断层线	1	1	……应一道努力，倡导文明宽容，防止极端势力和思想在不同文明之间制造断层线<N>(D)。（2014年6月5日） we should work together to advocate tolerance towards different civilizations, and prevent extremist forces and ideas from creating division between us.
笼子	3	3	让权力在阳光下运行<N>(D)，把权力关进制度的笼子<AN>(D)里（2013年4月19日） make the exercise of power more transparent and institutionalized
血脉	6	1	我们党来自人民、植根<PL>人民、服务人民，党的根基<PL>在人民、血脉<PE>(D)在人民、力量在人民。（2013年6月18日） Our party comes from the people, is **rooted in** the people, and serves the people.

第七章 隐喻删除

（续表）

基因测序	1	1	一个民族最深沉的精神追求，一定要在其**薪火相传** <PL>(D) 的民族精神中来进行**基因测序** <PE>(D)。（2014年3月28日） The most profound pursuit of a nation has its origin in the national character formed through generations.
缺钙	2	2	没有理想信念，就会导致精神上"**缺钙**" <ME>(D)（2013年5月4日） without ideals and convictions, one's spirit becomes weak
病	15	1	甚至出了一些"带**病** <ME>(D) 提拔"（2013年6月18日） unqualified officials are still promoted, even against regulations
驱动之双轮	1	1	网络安全和信息化是一体之两翼 <AN>、驱动之双轮 <MA>(D)（2014年2月27日） cyber security and IT application **are as important to China as wings are to a bird**
指挥棒	1	1	完善好人才评价**指挥棒** <A>(D) 作用（2014年6月9日） we should improve the competent-personal evaluation system
亮剑	1	1	面对大是大非敢于**亮剑** <W>(D)（2013年6月28日） have the courage to take resolute actions in the face of major issues of principle
肉	1	1	好吃的**肉**都吃掉了 <F>(D)（2014年2月7日） the easy part of the job has been done to the satisfaction of all
先手棋	1	1	要下好**先手棋** <SP>(D)，打好主动仗 <W>（2014年6月9日） we should **take the initiative** and adopt a proactive

（续表）

三级跳	1	1	科技成果只有同国家需要、人民要求、市场需求相结合，完成从科学研究、实验开发、推广应用的**三级跳** <SP>(D)，才能真正实现创新价值、实现创新驱动发展。（2014年6月9日） scientific and technological achievement can generate real value and pay off only if they meet the needs of the country, the people and the market, and only after they have gone through the stages of research, development and application.
交答卷	1	1	我们一定要……与人民团结奋斗，夙夜在公，勤勉工作，努力向历史、向人民**交**出一份合格的**答卷** <E>(D)。（2012年11月15日） we must work together with them diligently for the public good and **for the expectations of history and of the people**.
最大公约数	1	1	中国梦……意味着中华民族团结奋斗的**最大公约数** <M>(D)（2013年12月30日） the Chinese dream, a dream that **the whole nation strives for**
铁	1	1	我们党是靠革命理想和**铁** <>(D) 的纪律组织起来的马克思主义政党（2013年1月22日） our party is a Marxist party, the organization of which relies on revolutionary ideals and **strict** discipline

五、小结

以上分析显示，译者选择归化翻译策略，删除某些隐喻表达，删除源域概念，使用非隐喻性的目的语表达，或者直接删除隐喻含义相同的隐喻表达很多情况下使行文更加简练。

虽然一些隐喻表达被删除，隐喻表达构建的概念场景被取消，缺失了特有的文化意象，译者却通过以下方法，保留了原文的交际功能：

第七章 隐喻删除

（1）直接指称原有源域映射的目标事物；

（2）凸显原有源域映射到目标事物的特征；

（3）对原有隐喻表征的目标事物进行白描式的描述；

（4）使用表达原有隐喻含义的非隐喻表达；

（5）表达原有隐喻含义的引申义。

译者选择删除隐喻表达，除了上述提到的删除冗余的信息之外，主要还是要提高译文读者的接受度，因为这些隐喻表达包括汉语中的常规隐喻表达，大多属于词汇化隐喻和成语隐喻，在英文中对应的表达缺乏相应的隐喻含义。尤其是具有固定结构形式和固定用法的成语，它们是中国传统文化的一大特色，很大一部分是从古代相承沿用下来的，产生于故事或者典故，如果采取异化翻译策略，会给缺乏同样经验基础和文化积累的译文读者造成不小的困惑。同样地，原文中的新奇隐喻也是基于中国特有的文化，特别是随着中国的社会发展衍生出的一些新鲜词汇，译者避免保留原有的源域也是为了降低理解的难度。

但是，多数被删除的词汇化隐喻表达还是属于基于人类共同经验基础的概念隐喻，其中有137例被删除的隐喻其对应的目的语表达具有相同的喻义，包括表7.1中的"道路"、"建筑"、"风雨"等。它们属于语言和思维中的隐喻，在交流中属于非蓄意隐喻，以传统上可用的固定词语来谈论发展道路、发展过程和发展过程中经历的困难等现象。这类隐喻都是基于人体的最基本感知，在源语中不偏离常规，在交流中，它们的隐喻地位似乎无关紧要，并不一定需要隐喻翻译（Steen 2014；叶子南 2013），因此译者选择了语义相同的非隐喻表达。

第八章　新增隐喻

一、引言

最初的隐喻翻译研究是单向研究，只关注原文隐喻在译文中的翻译策略和方法，并没有考虑译文新增添的隐喻。本研究采取双向研究，既考察原有隐喻在译文中是否被保留、删除或改变，也关注译文是否将原文非隐喻性表达转换为隐喻表达。我们在译文中一共识别出91例新增隐喻，即在原文没有使用隐喻的地方构建了其他语义场景来谈论政治、经济、外交等主题，主要包括34例"行程"隐喻、27例"战争"隐喻、11例"建筑"隐喻、12例"生物体"隐喻和7例其他隐喻。下面我们通过具体隐喻实例的分析揭示译文中新增隐喻在认知、语言以及交际层面的特征与功能。

二、新增"行程"隐喻

译文主要在国内治国策略部分添加了"行程"隐喻，其中47%（16/34）的新增"行程"隐喻构建了"前行"场景，实现了从"行程"概念到"发展"概念的跨域映射，将中国政治、经济、社会、法治等方面的发展描述为"前行的过程"，将开展工作描写为行程

第八章 新增隐喻

中的"前行",如小句"中国改革经过 30 多年"被译为"having been pushed ahead for more than 30 years",动词短语"扎扎实实做好每一项工作"被译为"take every step needed for progress"。其中,"push ahead"、"take every step"和"progress"都是英语表达中常见的实现"行程"构建的常规隐喻。

译文中与"push forward"隐喻含义相近的隐喻表达还包括"move forward"、"go ahead"、"put forward"和"carry forward"。介词"forward"和"ahead"在英语中经常与表示进展的词汇一起使用,在以下语境中与"move"、"go"、"put"和"carry"等动词共同建构了"前行"场景,描述了中国继续深化改革 [例(1)]与外交关系中各项战略、举措和原则的实施与坚持 [例(2)—例(4)]。

(1) 原文:该干的还是要大胆干(A:J)(2013 年 11 月 9 日)

　　译文:to **go ahead** without looking back

(2) 原文:深化(A:J)有关合作机制,增进战略互信(2013 年 10 月 24 日)

　　译文:**put forward** cooperation and enhance mutual trust

(3) 原文:人类文明因包容才有交流互鉴的动力 <MA>(A:J)。(2014 年 3 月 27 日)

　　译文:Such inclusiveness has given exchanges and mutual learning among civilization the impetus to **move forward**.

(4) 原文:弘扬(A:J)"上海精神"(2013 年 9 月 13 日)

　　译文:**to carry forward** the "Shanghai Spirit"

"step"出现在"(adopt)take every/positive/creditable/step"等动词短语中充当名词,属于传统的隐喻表达,形象地表征"发展中的一个阶段",或是"为某一特定目的而采取的某项措施",如翻译习近平在荷兰海牙核安全峰会上的讲话时,译者用它来表征为了成功掌控核能发展风险而采取的有效措施:

(5)原文:只有采取切实举措(A:J),才能真正管控风险。
(2014年3月24日)

译文:Only by adopting credible **steps** and safeguards can we keep risks under effective control.

与"step"类似的名词隐喻表达还有"stride",同属于常规隐喻,内涵比"step"丰富,用大步前行的场景表征快速的发展,如对中国改革开放以来社会迅速发展的描述"建设事业蒸蒸日上"被译为"made big strides in development"。另外,隐喻词"step"还可做动词,与"forward"构成动词短语,将社会发展表征为"前行"场景,如下面的条件小句:

(6)原文:随着我国经济社会发展不断深入……(2012年11月17日)

译文:As china **steps forwards** socially and economically …

"前行"场景与社会发展以及工作进展构成概念映射,促成两个语义域中各个成分之间可以实现相互映射,译者选择使用"前行"中的各种语义成分来形象地表征发展中的各种状态,包括使用"前行的速度"映射"发展快慢",将"发展慢或工作怠慢"描述为"后退"或"落后",用"路径"表征"发展模式","克服发展困境"被描写成"清除前行障碍","路程终点"与"发展目标"相映射,而"发展所遵循的制度"被表征为"前行的引领者"。

第八章　新增隐喻

例如,《习近平谈治国理政(第一卷)》中指出,"没有农村的小康,特别是没有贫困地区的小康,就没有全面建成小康社会"。译文 [例(7)] 没有使用与原文"贫困"对应的英语表达"poverished",而是在将建设小康社会表征为前行行为的整体框架下,使用形容词"backward"和动词短语"lag behind",将发展与其他地区不同步的贫穷地区表征为前行中的"落后者"。同样的隐喻表达也被译者用来形容没有及时转变经济发展方式的行为 [见例(8)]:

(7) 原文:没有农村的小康,特别是没有贫困地区的小康(A:J),就没有全面**建成** <B>(D)小康社会。(2012年12月29日、30日)

译文:We cannot say we have realized a moderately prosperous society if the rural areas, especially the **backward** part of the countryside, are **left behind**.

(8) 原文:不完全适应(A:J)转变经济发展方式、促进 <J>(D)经济社会持续健康发展的现实需要……(2013年11月9日)

译文:They have **lagged behind** our effort to transform the economic growth pattern and promote the sustained and healthy development of the …

译者在三处涉及外交理念的译文增加了"路径"场景:使用英语习语"blaze new trails"构建的"开辟新路径"的概念场景,表征在对外交往中主张创新人文交流方式的思想。例9中的"footstep"是英语词汇化隐喻,表征为了到达某地或完成某事而走过的路径或采取的措施,译者用它来表征西方强权国家的外交举措。动词短语

"follow in the footsteps of the big powers"用选择同样的路径形象地表征采取与强权国家相同外交措施的行为。它所在的否定句清晰地表明中国不会采纳同样的外交思想。增添的"行程"隐喻没有像原文那样明确指出强权国家的霸权思维，却明确阐释了中国的外交思想与强权国家不同。

（9）原文：我们不认可"国强必霸"（A:J）的逻辑（2014年5月4日）

译文：it will never **follow in the footsteps** of the big powers

对于不贯彻某些路线、方针、政策的行为，译者将其描写为放弃前行或偏离某种路径的情景。例如，某些干部在工作中存在"脱离群众"的行为，即没有贯彻"群众路线"，译者将其翻译为"stray from the people"。工作中的困难，包括以下语境提及的群众打官司和住房问题，译文使用"barrier"和"stand in the way"将它们描述为阻碍前行的障碍。

（10）原文：切实解决好老百姓打官司难问题（A:J）（2013年2月23日）

译文：to help people overcome **barriers** to justice

（11）原文：我们必须下更大决心、花更大气力解决好住房发展中存在的各种问题（A:J）。（2013年10月29日）

译文：We must be more resolved and make greater efforts to address all the problems **standing in the way of** housing supply.

中国的基本制度以及国家发展遵循的理论这些抽象概念通过

第八章　新增隐喻

"the leading role","be guided by","the guidance"等语义相近的常规隐喻表达被描述为前行中的引领者。根据引领者为前行者指明方向的普遍认知，读者会领会到被映射的目标事物的决定性作用。如将"只有中国特色社会主义才能发展中国"翻译为"only Chinese socialism can lead our country to development"，能生动地阐释中国特色社会主义在我们各项事业发展中的核心地位。

三、新增"建筑"隐喻

译文共在11处增添了"建筑"隐喻，将国家描绘为建筑物，建设国家、完善各项制度、发展外交关系都被描述为建造的过程，而各项事业发展的基础被构建为建筑的地基。这些概念映射在语言层面都由常规的隐喻表达来体现，包括"to build","the building"以及"foundation"。译者使用"build"将发展中国特色社会主义的历程构建为建造的过程。基于对建造楼房的常识，我们会推断出这一历程要经过规划，通过人们的共同努力和长期的努力才能实现，而"to build"语义本身也蕴含着"长期发展和创造某事"的意义。

（12）原文：必须紧紧依靠工人阶级发展（A:B）中国特色社会主义。（2013年4月28日）

译文：We must rely firmly on the working class to **build** socialism with Chinese characteristics.

译者通过类似隐喻表达将原著中不同语境下谈及的外交关系构建为建造的过程，凸显了源域，即各种外交关系建立的目标性、长期性以及合作的必要性。例（12）中动词"发展"直接翻译为"to build",实现了跨域映射;例(13)和例(15)中将原文中的名词短语"伙伴关系"和"中美新型大国关系"转换为动词短语"build this partnership"和"building a new model of major-country relationship between China and the United States",不仅实现了跨域映射,同时强调了这种关系还没有实现,需要相关各方共同长时间的参与。

(13)原文:我们要用**伙伴**<PE>关系把金砖各国紧密联系起来(A:B)(2013年3月27日)

译文:we should forge a strong bond among the BRICS countries through **building** this partnership

(14)原文:坚定不移发展(A:B)面向未来的关系(2013年3月23日)

译文:stay firmly committed to **building** a forward-looking relationship

(15)原文:我同奥巴马总统……就各自国家的内外政策、中美新型大国关系(A:B)……坦诚深入交换意见。(2013年6月7日)

译文:We had a candid and in-depth exchange of views on our respective domestic and foreign policies, on building a new model of major-country relationship between China and the United States …

习近平在主持十八届中央政治局第一次集体学习时的讲话"紧紧围绕坚持和发展中国特色社会主义学习宣传贯彻党的十八大精神"中多次提到建设中国特色社会主义的总依据[例(16)],译者将其翻译为"foundation",将发展中国特色社会主义的基础比作高楼大

第八章 新增隐喻

厦的地基，阐释中国的基本制度是基于中国的基本国情：就像没有地基就没有大厦的建成，没有对中国基本国情的考量就没有适合中国的根本制度的确立。同样的常规隐喻表达也出现在对外交思想阐释的译文中[例（17）]：抽象的国家之间交往的根本宗旨被构建为大厦的根基，强调诚信对于外交关系的重要性犹如地基对大厦稳固的重要性一样，在国家交往中是必不可少的。

（16）原文：深刻领会**建设** <B> 中国特色社会主义的总依据（A：B）、总布局、总任务。党的十八大强调，**建设** <B> 中国特色社会主义，总依据（A：B）是社会主义初级阶段。（2012年11月7日）

译文：We must have an in-depth understanding of the basic **foundation**, overall planning and main mandate of **building** socialism with Chinese characteristics. It was emphasized at the 18th National Congress that the basic **foundation** for **building** socialism with Chinese characteristics is that China is in the primary stage of socialism.

（17）原文：坚持讲信修睦（A:B）。人与人交往在于（A:B）言而有信，国与国相处讲究诚信为本（A:B）。（2013年10月3日）

译文：**Build** trust. Trust is the very **foundation** of both interpersonal and state-to state relations.

涉及翻译中国会继续坚持对外开放政策，并且会加大开放程度的有关表述时，译者同样增加了一例隐喻，将中国表征为建筑，实施对外开放政策被表征为"打开大门"（"open its door"），而增大开放力度,被描述为"open its door wider",将抽象的政策表征为具体的意向行为,生动地再现了讲话的精髓。

四、新增"战争"隐喻

译文新增27例"战争"隐喻,其中24例都出现在"反腐败"和"党风建设"主题部分。通过动词"to combat"和"to fight"以及名词"fighting"将反对腐败和反对"四风"构建为一场战争。如下面译文中传统的隐喻词汇激发了战争域的概念场景,将反对"四风"之一的形式主义和惩治腐败描述为一场战争,在党风建设与战争两个概念域之间形成跨域映射,将战争域语义成分映射到党风建设概念域中。由于战争是矛盾斗争表现的最高形式,含有暴力,为取得战争胜利要做出牺牲。源域的这些语义特征有助于传达腐败现象与"四风"成为党建中的主要矛盾,必须坚决反对的思想,能够凸显中国共产党作为执政党加强自身队伍建设的决心;同时,"战争"隐喻也能让读者更容易体会到反腐败工作的艰辛。

(18)原文:反对(A:W)形式主义,要着重解决工作不实的问题……(2013年6月18日)

译文:In **fighting** formalism, we should focus on promoting down-to-earth work…

(19)原文:要更加科学有效地防治(A:W)腐败,全面推进<B> (D)惩治(A:W)和预防腐败体系建设。(2013年4月19日)

译文:We should prevent and **fight** corruption more properly

and effectively, establish a complete system for preventing and **combating** corruption.

另外,译文还将中国共产党领导中国发展的过程表征为一场斗争。例如,在中国发展的不同阶段,包括新民主主义革命时期,新中国成立初期建设阶段以及实施改革开放时期,中国共产党人解决中国现实问题的过程被译者构建为"战争"场景,凸显了过程的艰辛。

(20)原文:我们中国共产党人干革命、搞建设、抓改革,从来都是为了解决中国的现实问题(A:W)。(2013年11月9日)

译文:As the CPC has **fought** its way through revolution, construction and reform, its sole aim has always been to solve the problems of China.

五、新增"生物体"隐喻

译文中也不乏新增的"人类"、"动物"和"植物"等"生物体"隐喻。例如,译者赋予国家"人"的特征与行为,将"中国发展起来了"在译文中再现为"China has stand up",将中国与欧洲各国的关系运用新奇隐喻表征为关系密切的邻居[例(21)]。

(21)原文:中国和欧洲虽然远隔万里,但都生活在同一个时间、同一个空间之内,生活息息相关(A:PE)。(2014年4月1日)

译文：China and Europe may seem far apart geographically, but we are living in the same era and on the same earth. I feel that we **are as close to each other as neighbors.**

在译文中被赋予人类行为和特征的事物不仅包括国家，还涉及地理概念"人类发源地"和抽象概念"道德"等。前者使用英语习语"the cradle of something"，将人类文明发展表征为"人的成长"；后者运用习语"go hand in hand"表征道德与实践的密切关系。"cradle"原义指"婴儿的摇篮"，而习语"the cradle of something"具有词汇化的隐喻含义"事物开始的地方"。习语"go hand in hand"意指"齐头并进，关系密切"，在BNC语料库中共出现了83例，全部用来描述两种事物之间的密切关系，如"authority and responsibility go hand in hand"。常规"植物"隐喻表达"growth"和"to grow"是经济语篇中经常使用的隐喻，用植物的生长映射经济的发展。译者在翻译习近平有关中国经济制度与世界经济走势论述的过程中，也采用了同样的隐喻，如将"多种所有制经济共同发展的基本经济制度"翻译为"all forms of ownership growing side by side"，将"世界经济增长"译为"the world economic growth"。在下面的译文中，中国和中俄关系也被表征为植物，中国的发展和两国关系的发展被形容为植物的生长：

（22）原文：中国在今后相当长时期仍处于发展（A:PL）上升期……（2013年4月8日）

译文：Its **growth** will continue in the foreseeable future as…

（23）原文：……为中俄关系长远发展 <A:PL> 奠定了坚实**基础** <B>。（2013年3月23日）

第八章 新增隐喻

译文：... **laying a solid foundation** for the long-term **growth** of China-Russia relations.

以上"生物体"隐喻均是正面隐喻，将译文读者熟悉的人类行为与特征以及植物生长特征映射到抽象的政治概念和经济现象中，能够激活读者对目标事物特征的感知，使原文意欲表达的政治理念更加生动地再现给读者。而对于一些负面现象，译者选用了"植物"与"动物"隐喻来表征。如谈到工作作风时，指出不能任不良风气发展下去[例（24）]，译者使用"rampant"将不良风气的蔓延描述为任意疯长的植被。

（24）原文：如果不坚决纠正不良风气，任其发展下去（A:PL）……（2013年1月22日）

译文：If misconduct is not corrected but allowed to run **rampant** ...

"rampant"在BNC中最常出现的搭配词除了"running"，还包括"inflation"（MI=7.41）、"individualism"（MI=9.62）、"corruption"（MI=7.49）、"sexism"（MI=8.99）、"violence"（MI=4.78）、"population"（MI=3.51）。这表明在不同语境下，形容词"rampant"作为修饰语，与这些抽象名词构成名词短语，将各种思潮、负面社会现象、人口膨胀以及暴力和腐败滋生表征为恣意疯长的植被。

习近平指出，"作出'使市场在资源配置中起决定性作用'的定位，""有利于抑制消极腐败现象"，译者运用动词短语"rein in"（conductive to reining in corruption），将消极腐败现象表征为一匹需要驯服控制的马。"rein"做动词时形容"勒住"的行为，引申为"支配与控制"。动词短语"rein in"在BNC中共出现31例，除了两例用于文学作品，描写小说人物"勒住马"的行为，其他 29 例均使用了隐喻含义，且多出现在新闻与政治语篇语境中，表述对某种思想或趋势的控制，如"Group of right-of-centre MPs, also warned Home Secretary Kenneth Clarke to rein in his pro-Europe and left-wing tendencies"。

"rein"做名词时基本含义指代"马的缰绳"，引申为"支配权"或"控制权"；带有"rein"的英语习语"give free rein"常用来表征"给予自由"。译文选择它来表征"要更好发挥中国特色社会主义制度的优越性"的理念，产生了译文"to give free rein（A:AN）to the advantage of Chinese socialism"。

除了将国家制度和腐败现象表征为"马"，译者还在一处用鸟的行为表征国家的外交行为。习近平在莫斯科国际关系学院的演讲中指出："那种以邻为壑、转嫁危机、损人利己的做法既不道德，也难以持久。"原文使用了"损人利己"这一成语，译者使用英语习惯用语"feathering one's nest"代替。这一习语的字面含义是形容鸟类用羽毛来铺垫自己的巢。它常被用来形容先考虑自己个人的利益，而把别人的利害放在次要地位上的行为。译者选择它来呈现原文对国家类似行为的批判。为了突出要表征的含义，译者还在其后附加了"at the expense of others"这一成分。

（25）原文：那种**以邻为壑** \<PE\>、转嫁危机、**损人利己**（A:AN）的做法既不道德，也难以持久。（2013 年 3 月 23 日）

译文：Such practices as beggar-my-neighbor, shifting crises onto others and **feathering one's nest at the expense of others** are both immoral and unsustainable.

第八章　新增隐喻

六、新增其他隐喻

译文中除了新增加的"行程"、"战争"、"建筑"以及"生物体"这些政治语篇中经常使用的隐喻外，还出现了"食物"隐喻，"艺术"隐喻、"机械"隐喻等。其中实现"食物"隐喻的语言表达还是常规隐喻表达，如"fruit"基本含义为"水果"，在名词短语"the fruits of something"中作为源域概念表征目标概念"something"，产生比喻含义，形容愉快的结果，指某件事情成功带来的益处，如"共同分享现代化成果"被译者翻译为"to share the fruits of modernization"。名词"cream"原指牛奶中提取的奶油和乳酪，常被用来指称"精英"，在译文中用它来指代"优质人才"。另外，在下面的语境中，习近平谈到"整四风"要开展自评与自我批评，要敢于对"四风""动真碰硬"，不逃避问题，努力解决问题。译文将其译为"take up our hammers and crack the tough nuts"。英语中有习惯用语"a hard/tough nut to crack"，用以形容"难以解决的问题"或"难以理解的人"。其中，难以打开的坚果"nuts"表征难以应对的问题，在涉及"整风"的话语中映射"四风"，为整风开展的批评与自我批评则被形容为"砸开坚果的锤子"。这一经习语改良的隐喻表达生动地再现了开展批评与自我批评在"整风"运动中的作用。

（26）原文：……要真正解决问题，就要有抛开面子、揭短亮丑的勇气，有动真碰硬（A:F）、敢于交锋<W>（D）的精神……（2013年6月18日）

译文：We must dare to lose face in exposing shortcomings and mistakes, dare to **take up our hammers and crack the tough nuts**.

(27) 原文：不可逆转地结束（A: A）了近代以后中国内忧外患、积贫积弱的悲惨命运（2012年11月17日）

译文：our party **lowered the curtain**, once and for all, on a poor and weak country（A:MA）

例子（27）中的"lower the curtain"在BNC中没有出现，在COCA中有2例，都使用了它的隐喻含义，形容"结束"某件事情，如"The new Legislature hasn't taken office yet, but already there are predictions that it will lower the curtain on Gov."。而在iWeb网络资源语料库中，我们发现它可以用来形容特定历史阶段、经济现象、体育赛事的终结或结束，如：

(28) a. The 2011 Fukushima nuclear meltdown in Japan is helping to **lower the curtain** on the nuclear era.

b. With so many Chase ATMs, you can **lower the curtain** on fees.

c. one more round to beat Brazilian Caio Ibelli in round 2 and **lower the curtain** on his career at his favorite break in Fiji

d. unchallenged for the remainder of the race to capture the victory and **lower the curtain** for a great season

群众路线是中国共产党的根本工作路线，习近平在讲话中多次提到要密切联系群众，如例（29）。译文用词汇化隐喻表达"ties"来表征这一密切关系，因为在英文中它的含义就是描写人与人之间友好的关系或者人与某些地方之间的特殊联系。

(29) 原文：司法工作者要密切联系群众（A:tie）（2013年2月

23日）

译文：to maintain close **ties** with the people

（30）原文：国家治理体系和治理能力是一个国家的制度和制度执行能力的集中体现（A:M）。（2014年2月17日）

译文：A country's governance system and capacity are the major **barometers** of its system and that system's governing efficiency.

名词"barometer"原指帮助预报天气的工具气压计、晴雨表，在英文中属于词汇化的隐喻表达，表征显示事物变化的标志或是对特定事物舆论变化的标记。译文[例（30）]用它来强调治理体系和能力是一个国家的制度和制度执行力的标记，说明它们的重要意义和功能。

七、小结

译文中新增的"行程"、"战争"、"建筑"、"生物体"隐喻在政治语篇中普遍存在，由于它们基于共同的人身体验和人类对外部事物的普遍认知，容易被读者接受和理解。在译文中，它们实现了32种跨域映射，分别用"行程"、"战争"、"建筑"和"生物体"这四种人们熟知的源域概念去表征抽象的政治、经济、社会等现象。有些映射停留在宏观层面，如"战争"对"反腐败"、"党风建设"、"党的领导历程"以及"培养优秀人才的过程"的表征。基于"战争"的本质，这样的译文可以凸显所映射问题的严重性，所描述事物的重要性，所表征过程的艰巨性。而"生物体"隐喻的跨域映射比较微观，是将"人"、"动物"和"植物"的个别行为和特征映射到国家、制度、社会现象等概念。"行程"和"建筑"属于典型的结构隐喻，构成的映射涉及各自源域的多种认知元素，构建出较为复杂的概念场景，如"前行"场景中的参与者、路径、行为、目的地等，反映出它所涉及主题的复杂性，例如对中国经济制度的发展的表征涉及它的目标、路径、速度、困境和进展。

表8.1 译文中新增隐喻

概念源域	概念隐喻	隐喻表达	数量
行程	发展/各项工作的进展就是前行的过程	step forward; move forward; stride; push forward; go ahead; put forward; advance; keep in steps with; (take) steps	16
	发展的速度即前行的速度	slow down	1
	发展慢即落后/工作怠慢即后退	lag behind; fall behind; slacken pace	4
	发展模式/工作方式即行程路径	track; way; blaze new trails; follow footsteps	4
	放弃某种发展模式或工作方式即偏离行程路径	stray from	1
	克服发展中的困难是清除前进中的障碍	barrier; stand in the way	2
	发展结果即行程的终点	lead to	1
	制度、理论是引领者	lead(leading); guide; guidance	5
建筑	国家发展/制度改善是建筑过程	to build	3
	确定外交关系是建筑过程	to build	3
	国家是建筑物	opening its door wider	1
	发展的基础是地基	foundations	4

第八章 新增隐喻

(续表)

战争	反对腐败是一场战争	to combat; to fight; fight	19
	党风建设是一场战争	to fight	5
	中国共产党领导中国发展是一场战争	fight	2
	培养优秀人才是一场战争	front line	1
生物体	国家是人	stand up; cradle	2
	道德和实践是人	go hand in hand	1
	国家是植物	growth	1
	发展是植物	root	1
	经济是植物	grow；growth	2
	外交关系是植物	growth	1
	不良风气是植物	rampant	1
	国家是动物	feather one's nest	1
	国家制度是动物	give free rein	1
	腐败现象是动物	to rein	1
其他	成果是水果	fruit	2
	优秀人才是优质食物	cream	1
	"四风"是坚果，批评与自我批评是撬开坚果的锤子	take up our hammers and crack the tough nuts	1
	历史结束是演出的结束	lower the curtain	1
	亲密关系是纽带	ties	1
	事物发展趋势的标记是晴雨表	barometer	1

译者选择实现这些跨域映射的语言表达绝大多数都属于目的语中的常规隐喻表达，包括词汇化隐喻，如"steps"，以及相关的固定搭配"follow steps"和"keep in step with"，还包括习惯用语，如"lower the curtain"和"hard nuts to crack"。这些隐喻表达为译文读

者所熟悉,生动再现了原文表征的事物。个别新增隐喻表达属于新奇隐喻,如使用明喻将"息息相关的中欧"描述为关系密切的邻居"as close to each other as neighbors"。虽然是新奇隐喻,基于人们对邻居这种社会关系的普遍认知,加上语境中形容词"close"对这种关系的特征进行强调,读者会领会隐喻所要传达的原文语义。

新增隐喻除了通过源域的本质特征和微观细节强化对目标事物的表征,有时还可以弱化原文的负面评价意义。如"我们不认可'国强必霸'的逻辑"的论述反映了中国主张的和平、发展、合作、共赢的外交理念,批判了"强国必霸"的思想,不主张在国家交往中实施强权政治,谴责少数强国以强欺弱、恃强凌弱的外交政策。译文运用"never follow in the footsteps of the big powers",构建了中国不跟随某些强国的"前行场景",明确提出不赞同也不会执行某些强国的外交理念,但没有像原文那样对其理念范畴化,避免了正面批判,给读者留下了协商的空间。

第九章 结论

一、引言

本书采用双向视角,识别《习近平谈治国理政(第一卷)》和其英译本中的隐喻,通过平行对比,基于语言体现的源域与目标语所建构的概念场景,对隐喻翻译策略和方法进行描写性总结,根据语境阐释译文与原文是否实现认知对等,准确地传达原文的政治理念,并借助于英语语料库验证译文在目的语文化中的共识性与文化性。研究发现,译文的翻译策略呈现多样化的特征,包括等化、异化与归化策略,但不同的策略都努力达到认知对等,力图准确完整地传达原著语义,同时提高译文在目的文化的接受度,实现译著传播源语文化的政治思想与理念的目标。

二、翻译策略的多样性

译文一共采用了三种翻译策略,包括异化、归化和等化。归化策略涉及译者运用的全部四种翻译方法:对等隐喻、删除隐喻、新增隐喻和变异隐喻。而译文中的对等翻译,即宏观上保留了原著源域概念的隐喻分别采用了归化、异化和等化策略。

政治话语中的隐喻翻译策略和接受度研究

表9.1 著作隐喻汉译英不同翻译策略与方法

翻译策略	翻译方法	数量	比例
异化/等化/归化	对等	1858	79.8%
归化	删除	329	14.1%
归化	新增	94	4%
归化	变异	48	2.1%
		2329	100%

1. 等化翻译策略

分析表明隐喻翻译策略更加多样化，传统意义上的异化与归化的划分无法涵盖隐喻翻译的所有策略。译者有时采取既非异化又非归化的翻译策略，将原文隐喻表达翻译为对应的目的语文字，且对应的译文具有相同的喻义，并在词典中有所体现，语料库显示其在类似语境下实现类似的功能，如相对应的汉英表达"道路-path"、"方向-direction"、"加快-speed up"、"逐步-step by step"、"逐步-gradual"和"稳步-steadily"构建了相同的行程场景，分别用"路径"和"前行"概念场景隐喻性地表征政治领域的道路与发展；"建设/构筑-to build"、"平台-platform"、"基础-base"等对应的表达用建筑领域的事物表征国家发展和各项工作开展情况，事物发展所需的环境以及发展的起点；表征自然环境的对应词汇"潮流-tides"与"风雨-storms"构建世界发展趋势和各国在发展中经历的困难。其他相对应汉英表达还包括"健康-healthy"、"根植-rooted"、"源头-source"、"硬骨头-hard bones"、"法宝-wand"、"主旋律-theme"和"战线-front"等。这些源语和目的语中的常规隐喻在原著与译著中表征相同的事物，强调同一事物相同的特征，

第九章 结论

表明两种文化对事物有共同的认知。它们固化的隐喻含义说明源语和目的语文化对相关事物的认知有共同的规约性。

这种既非异化又非归化的翻译策略不局限于常规隐喻,也用于新奇隐喻。如"速度不均"和译文"uneven pace"在语言层面一一对应,并会在原著和译著中激活"前行者快慢不一"的概念场景。"pace"在语料库中的实例高频率实现从"前行速度"到"经济发展快慢"的映射,表明译著读者会推断出与原著相同的喻义:各国经济复苏的速度有差别,准确地传达原著对世界经济形势的判断。又如习近平阐述两岸关系中"一个中国的共识"时使用了隐喻最基本的结构"A 是 B":"这个基础是两岸关系之锚 <J>",将"一个中国的共识"隐喻性地表征为船只的"锚"。它的译文采用了一对一的直译"Such a foundation is **the anchor** for cross-Straits relations."。根据上下文语境出现的"钓鱼台"和"风浪"等表达,原著和译著读者构建出"在船上钓鱼"的场景,而"锚"用来固定船只的功能为人类所熟知,因此不难推断出"一个中国的共识"让"两岸关系"稳固的喻义。

这种等化翻译策略能够同时实现在语言层面和认知层面的对等,主要源于人类共同的具身经验产生的认知结构,如用身体的前行映射事物的发展。另外这种策略的成功使用还基于不同文化的人们对外部事物的相同认知,如对"锚"固定船只作用的统一认识。同样的具体体验和认知结构使人们能够跨域不同文化,用相同的源域概念去表征同样的目标概念。这反映了隐喻的普遍性,也反映隐喻翻译的难度并不完全是由它的规约程度即隐喻的显著性决定的。

2. 归化翻译策略

译者对《习近平谈治国理政（第一卷）》中隐喻采用的归化翻译策略具体包括删除隐喻、新增隐喻、变异隐喻、对等翻译等四种方法，其中采取最多的翻译方法是直接删除原有的隐喻或在译著中直接忽略原著隐喻。

（1）隐喻删除

直接忽略原有隐喻主要是考虑汉英语言层面的差异。汉语在行文中倾向于叠加使用近义词，形成排比句式，增强话语的感染力。原著中就出现了喻义相近的四字成语连续使用的情况。相反，英文行文简练，语义相近的表达连续出现会产生冗余信息，形成认知负担。为了符合译著读者的习惯，译者选择直接忽略语义重复的隐喻。

另外，译者采用归化策略更多的是删除原有的源域概念，使用非隐喻性的目的语表达的翻译方法。中西文化上的差异，导致思维习惯和表达方式上的明显不同。原著中出现的部分隐喻表达属于汉语中的常规隐喻表达，多数属于词汇化隐喻和成语隐喻。这些词汇化隐喻对应的英文表达缺乏相应的隐喻含义。成语隐喻具有固定结构形式和固定用法，属于中国传统文化的一大特色，很大一部分是从古代相承沿用下来的，产生于故事或者典故。这些约定俗成的隐喻表达如果采取异化的翻译策略，原封不动地翻译成英文，会给缺乏同样经验基础和文化积累的译著读者造成不小的困惑，不但难以达到忠实地传达原著语义的目的，反而会引起不必要的误解，有时非但不能解答外国人对中国某一方面的疑问，反而引出新的问题。如果机械地翻译涉及我国政治体制的内容，很可能引起国外受众的误解（黄有义 2004）。同样地，原著中的某些新奇隐喻也是基于中国特有的文化，特别是随着中国的社会发展衍生出的一些新鲜词汇，

第九章 结论

译者删除这些隐喻，避免保留原有的源域，也是为了降低理解的难度，提高译著读者的接受度。

被删除的329例原著隐喻包括47例成语隐喻和31例新奇隐喻，剩余的252例隐喻都是常规隐喻。其中，56例词汇化隐喻都在目的语中找不到对应的具有相同语义的表达，而剩余的196例常规隐喻，却在英语具有对应的译文，包括构建"行程"域中"道路"与"前行"场景、"建筑"域中的"建造"场景和建筑构成部分，描述"自然现象"和"生物体"特征的常规隐喻，以及个别的"战争"、"艺术"等常规隐喻（见表9.2）。

表9.2 被删除的部分常规隐喻

认知域	汉语隐喻表达	数量	删除数量	删除比例	具体翻译方法
道路	道路	123	18	14.6%	删除源域，凸显目标域
	方向	45	10	22.2%	删除源域，凸显目标域
	途径	15	4	26.7%	删除源域，凸显目标域
	逐步	7	4	57.1%	删除源域，凸显目标域
	加快	32	5	15.6%	凸显喻义
	促进	26	19	73.1%	凸显喻义
建筑	建设	196	77	39.3%	凸显喻义
	构筑	2	1	50%	凸显喻义
	基础	76	4	5.3%	删除源域，凸显目标域
	平台	11	1	9.1%	删除源域，凸显目标域
自然现象	主流	5	4	80%	凸显喻义
	潮流	14	11	78.6%	删除源域，凸显目标域
	源头	11	1	9.1%	删除源域，凸显目标域
	风雨	11	1	9.1%	删除源域，凸显目标域

(续表)

生物体	健康	6	1	16.7%	凸显喻义
	根植	8	3	37.5%	凸显喻义
疾病	软骨病	2	1	50%	凸显喻义
	症结	3	2	66.7%	删除源域，凸显目标域
艺术	主旋律	4	1	25%	凸显喻义
战争	战线	8	5	62.5%	凸显喻义
食物	硬骨头	5	2	40%	凸显喻义
其他	法宝	3	2	66.7%	凸显喻义

从表格中 22 种常规隐喻的数据看，除了"逐步"、"促进"、"构筑"、"法宝"、"战线"、"症结"、"潮流"这些隐喻表达，其他 15 种常规隐喻只有在少数情况下才被删除，即译著中直接表征目标域或凸显喻义。这表明同样的隐喻表达在译著中可以采取不同的翻译策略和翻译方法，体现了一定的灵活性。

（2）新增隐喻

除了删除隐喻，归化策略里排在第二位的翻译方法是新增隐喻。译著中新增 94 例隐喻，即用隐喻表达替代原著中的非隐喻性表达。实现这些跨域映射的语言表达绝大多数都属于目的语中的常规隐喻表达，包括词汇化隐喻、固定搭配以及习惯用语。这些常规隐喻为译著读者所熟悉，生动再现了原著表征的事物。个别新增隐喻表达属于新奇隐喻，但是基于人们对源域的普遍认知，上下文语境对目标域特征的前景化，读者会领会隐喻所要传达的原著语义。

由于新增隐喻中源域的某些普遍特征映射到目标域，即政治话语中的主题，会强化原著语义的表达，如"战争"隐喻对"反腐败"的表征，突出了腐败现象的严重性以及"反腐败"任务的艰巨性。

第九章 结论

新增的"行程"和"建筑"隐喻属于政治话语中典型的结构隐喻，源域中多种认知元素映射到目标事物，构建出较为复杂的概念场景，凸显它所涉及主题的复杂性。例如，"行程"隐喻生动地再现了中国经济制度的发展的目标、路径、速度、困境和进展。另外，考虑到不同的读者群，译著有时会放弃直接再现原著的概念化，避免对不同政治理念的批判，而采用隐喻表达。

（3）变异隐喻

归化翻译策略还包括原著隐喻在译著中发生变异的情况，即译著用不同于原著的源域来谈论同样的目标域。隐喻变异发生在概念认知层次相近的隐喻种类之间。如"行程"隐喻与"建筑"隐喻之间的相互转换的频率远远超出其他概念隐喻之间的转换，这是因为在不同文化中"行程"和"建筑"隐喻都用来表征"有目的的、分阶段的社会活动"，并且包括类似对应的概念元素，如参与者、利于或阻碍活动进展的因素等。这种认知层面的共享会产生认知对等，不会造成变异后理解的困难。

在同一概念的次范畴之间也同样产生了隐喻的变异现象，如同属于"生物体"隐喻的"人类"隐喻、"动物"隐喻与"植物"隐喻之间的转换。这三类隐喻有许多共享的概念元素，如"生命特征"，都经历繁殖、生长、死亡的过程，具有参与这一过程的各种元素。这些元素之间的转换能够凸显共同的认知。

分析还表明相同的概念隐喻被转换为不同种类的概念隐喻，如变异的"行程"隐喻在不同的语境下被转换为"建筑"、"战争"、"机械"和"体育竞技"隐喻。这种转换在保留原有语义的基础上，丰富了隐喻含义。如源域由"行程终点"转化为"建筑物"能够强化对目标域的正面评价。另外，不同类型隐喻之间，尤其是从"实物"

隐喻到"结构"隐喻的转换，可以由静态的单纯两个实物之间的映射变为动态的完整概念场景的构建，丰富了论述内涵，加强了论证力度。

（4）对等隐喻

有时译著选择与原著对等的概念隐喻，即选择与原著同样的源域来表征同样的目标域，但是放弃字面直译，选择喻义相同的英文表达，属于典型的归化翻译。译著构建了相同的宏观认知映射，却减少原有源域的某些细节。比如英语习语"blaze new trails"替代了原著中的汉语成语"逢山开路、遇水架桥"，取消了汉语隐喻表达描述的开辟道路的具体场景，如碰到山就开山铺路，遇到河就架设桥梁，但却保留了原有的"前行开辟道路"的概念场景，凸显了目标域相同的特征。

另外，译著在构建相同的宏观认知映射的同时选择改变原有源域的某些细节。例如，习近平使用习语"啃硬骨头"表达中国政府克服改革困难的决心。译著"crack hard nuts"用"坚果"（hard nuts）替代了"硬骨头"，源域变成了语义域"食物"不同的下义词。由于习语"crack hard nuts"在英文中即指难以解决的问题，译著虽然改变了概念场景的细节，但因为含义与原著相同且为译文读者所熟悉，不会影响原著意义的表达。

因此，专著中隐喻的归化翻译策略采用了多种翻译方法，既可以翻译为目的语中非隐喻性表达，选择字面含义不同但喻义相同的目的语隐喻，还可以选择不同的概念隐喻或用目的语隐喻替代原著中的非隐喻性表达。在下面的章节我们将探讨这些方法能实现认知对等的具体原因与途径。

第九章　结论

3. 异化翻译策略

翻译实践中的异化策略是指"将源语和文化中陌生和/或晦涩的概念和语言形式引入目标文本"（Kwiecinski 2001：13-14）。隐喻翻译的异化策略是指汉语中独特的隐喻表达在译著中得以保留。这些隐喻表达包括约定俗成的汉语成语、谚语以及来源于中国古典文化的古诗词。异化的翻译策略基本上采用对等翻译方法，译者选择字面直译，使译著的源域与目标域与原著保持一致，但语言上增加了一些细节，包括明喻标记语、隐喻标记语以及对源域更加细致的文字描述，基本上保留了原著源域的认知元素，实现了认知对等。

被异化的原著隐喻包括部分常规隐喻，主要是汉语中有固定结构、固定喻义的成语。译者翻译时没有选择具有同样喻义的目的语表达，而是选择进行字面翻译，保留原有隐喻构建的概念场景。被异化的也包括互文隐喻。它们源自汉语谚语以及中国古代诗词，在近现代类似的政治语境中反复使用，产生了约定俗成的隐喻含义。译者选择字面直译，保存了原有隐喻的民族性和文化性。

从以上分析可以看出，《习近平谈治国理政（第一卷）》中隐喻的汉译英翻译采用了异化、归化和等化的翻译策略。等化的策略涉及规约程度不同的各类隐喻，在跨域映射的认知层面和语言表达层面同时实现一致。异化策略的翻译方法比较单一，即字面直译，涉及的隐喻规约性也较强，而归化策略的翻译方法比较多样，包括删除隐喻、产生对等隐喻、变异隐喻和新增隐喻四种方法。每种方法都包括规约程度不一的隐喻表达。

作为跨文化的信息传播活动，《习近平谈治国理政（第一卷）》中隐喻的翻译并没有以异化翻译策略为主，相反，在很多情况下译者都选择了等化甚至归化翻译策略。这主要是由于译文读者群发生了变化，不再局限于熟悉中国文化的中国问题研究专家，而是更多的对中国文化感到陌生的普通外国读者。一味地采用保留中国文化特色的异化翻译策略会给这些普通读者造成理解上的困难，反而达不到宣传中国新一代领导集体治国理政的思想的目标。

分析中我们还发现同样的隐喻表达在不同的语境中会采纳不同的翻译策略。这些都表明隐喻的翻译关键在认知层面而不是语言层面。为了实现认知对等，异化翻译策略需要考虑如何提高原有隐喻独特的文化性在译著读者中的接受程度，而归化翻译策略需考虑如何最大程度准确地传达原著的语义，实现原著的交际功能。下面我们基于前面几章的分析归纳译者如何通过具体的翻译方法提高译著读者的认同度。

三、异化策略与归化策略的认知对等

1. 异化策略如何实现认知对等

《习近平谈治国理政（第一卷）》的英译者对习近平政治话语中的部分成语隐喻和互文性隐喻采取了异化翻译策略，即从字面和认知层面都保留了包含中国文化底蕴的隐喻表达，但这会给不熟悉中国文化的普通读者带来理解上的困难。为了帮助译文读者克服文化差异的障碍，译者主要通过以下两种方法激活译著读者的相同认知：（1）将隐喻变为明喻，（2）增加语言细节。

第一种使用"as"、"like"、"as if"等明喻标记语，把成语中隐含的源域前景化，如"润物细无声"的译文"like spring drizzle falling without a sound"，就将源域自然现象"春雨"和它映射到目标

第九章 结论

域的特征"细无声"一起凸显出来,能激活译者长期记忆中对自然现象的认知,体会到社会主义核心价值观传播应该潜移默化的深意。又如"同舟共济"翻译为"as passengers in the same boat",凸显了表征世界各国的源域概念"同船乘客",基于人们对乘船旅行的认知,不难理解原文中上下文提到的各国之间应该求同存异的外交理念。

在第二种方法中,增加的语言细节可以将原有隐喻中没有出现的目标域进行显化,如新奇隐喻"坚持'老虎'、'苍蝇'一起打"的译文将目标域反腐运动打击的腐败高级官员和基层官员通过"senior officials as well as junior ones guilty of corruption"表征出来,弥补了异国读者对中国政治语境知识的欠缺。增加的语言细节还会凸显隐喻含义,如诗句"长江后浪推前浪"的译文"the waves behind drive on those before, and the younger generation will excel the previous one"就将新浪推旧浪与新人超越旧人的类比关系明晰地表征出来。

因此,在保持原著隐喻文化特色的同时,译者通过将隐喻变为明喻,将浓缩的成语和诗句中的目标域和喻义显化,激活译著读者已有的认知构架,弥补他们对中国文化认知的空白,从而完整地理解原著隐喻传达的喻义,提高他们对译著的接受度。

2.归化策略如何实现认知对等

采用归化翻译策略,译者会直接忽略与上下文语义重复的隐喻表达而不会影响原文语义的传达,但如果译者删除原著的隐喻表达,隐喻表达构建的概念场景就会被取消。译者往往会通过以下方法,避免原著的语义在译文中出现缺失的现象:

(1)直接指称原有源域映射的目标事物。如"发展的道路"的译文直接省略源域"道路",用"development"保留目标域"发展"。

(2)凸显原有源域映射到目标事物的特征。如佛教词汇"法宝"在汉语中通常比喻发挥重要作用的事物。原著中将开拓精神比作改革进程中的法宝,译文改用系表结构"be crucial for",突出了目标域的功能。

(3)对原有隐喻表征的目标事物进行白描式的描述。例如"抓手"和一例"快车道"的译文就在随后的语境中对它们映射的目标域"有效途径"和"快速发展方法"进行了具体阐释。

(4)使用表征原有隐喻含义的非隐喻表达。著作中的部分成语采用了这种翻译方法。译者读者无须通过原有隐喻构建的具体概念场景推断出喻义,译者选择将喻义直接表达出来的英文表达呈现给读者。如一例"同舟共济"被译为"stick together in time of difficulty"。

(5)表达原有隐喻含义的引申义。如成语"牵一发而动全身"比喻动极小的部分就会影响全局,引申为这一极小的部分非常重要,或它与其他部分关系密切,译文为"A is closely connected with B"。

异化翻译策略另一种方法是用英文隐喻表达表征原著中非隐喻性的汉语表达。这些译著中新增的隐喻在政治语篇中普遍存在,如"行程"、"战争"、"建筑"、"生物体"等隐喻。由于它们基于共同的人身体验和人类对外部事物的普遍认知,且多数为英文中的常规隐喻,相比原文的非隐喻表达,更容易被译文读者所接受和理解。

对于变异的隐喻,译著在表征同样的目标事物时选择了不同的源域,但并没有凸显目标事物的不同方面,而是出于以下原因强化了同样的隐喻含义:

(1)译著触发的概念场景和概念元素在新源域范畴内的功能与

第九章 结论

原有源域所强调的一致。如"统帅"这一角色在"战争"范畴内的功能与"引领者"角色在"行程"中的功能一致。

（2）译著和原著的隐喻表达突显了各自源域中不同元素类似的关系。如"主流与支流"的关系与"主干与树枝"的关系相同。

这样变异隐喻能够突出同一目标概念的相同特征，实现认知对等，保留原文的语义。

最后，译者虽然在少数情况下为了提高译文的可读性，采用英文的常规隐喻，从而改变或者删除原著源域的某些细节，但是在宏观上却保留了与原著一致的源域，并没有产生不同的喻义。

简言之，归化策略下各种翻译方法如果缺少宏观上与原著一致的源域，就使用隐喻性或非隐喻性表达实现相同的语义、喻义或其引申义，以此实现认知对等：

对等隐喻——译文与原文宏观上的源域与目标域一致；

变异隐喻——译文强调与原文共同的喻义；

新增隐喻——译文隐喻表达原文非隐喻表达的相同语义；

删除隐喻——译文非隐喻表达指称、细致描述目标事物/凸显目标事物特征/凸显与原文喻义或其引申义。

四、异化策略与归化策略的交际功能

以上分析显示为了达到传播习近平新时代中国特色社会主义思想的翻译实践目的，《习近平谈治国理政（第一卷）》的英译者首先选择等化策略，使用对应的英语表达再现原著中隐喻构建的认知概念场景，用生动的语言完整地体现中国共产党为推动构建人类命运共同体、促进人类和平与发展崇高事业贡献的中国智慧和中国方案。

对于大多数缺乏对应英文表达的隐喻，译者在选择异化翻译策略和归化策略的同时从语言层面增加帮助译者熟悉中国文化的细节或选择与汉语隐喻喻义对应的（非）隐喻性英语表达，与汉语非隐喻性表达语义对应的英语隐喻表达，努力构建相同的认知结构与元素。在生成相似语义的状况下，还实现了政治话语的其他交际功能：

（1）提供阐述内容的理据，增强政治话语的劝说功能。

译者构建的概念场景包含特定的因果关系，这种逻辑关系映射到政治领域，可以将相关政治主张合理化，从而加强译文读者的认同感。如"同舟共济"的译文"as passengers in the same boat"构建了同船航行的场景，由于处境相同，乘客们只有齐心协力才能共渡旅途中的难关。这种因果关系映射到各国关系，就不难推断出原著所倡导的"求同存异"外交思想的基本精神。各国文化背景和发展程度不同，但同在一个地球，面对同样的问题，需要彼此友善、宽容与尊重，否则世界将没有和平，每个国家的发展都会受到不利的影响。

（2）丰富构建的概念场景，增强政治论述的力度。

在这方面，最明显的例子为新增隐喻，且多数是"战争"隐喻。首先，用隐喻性表达代替非隐喻性表达本身就给论述增添了生动性。又由于"战争"的特性，使它所映射的目标域"反腐运动"的必要性和艰巨性得以显现，更能够体现中国政府反腐的决心和力度。其次，译者通过增加语言细节凸显源域映射到目标域的特征，将喻义前景化，提高论述强度。再者，译者通过转换隐喻类型，将原著的源域元素与目标域元素单一映射转化为新源域与目标域之间的系统映射，可以实现从静态构建到动态建构的转换，增加论述的生动性；同时，构建的概念场景较之前的更加完整，使语义更加丰富。如原著中的多处"自然现象"实物隐喻被翻译为"行程"等结构隐喻,强调了动态的历史过程,而不再是历史中的某个阶段,同时"行程"域中的"前行"场景更能凸显源域的重要性。

(3) 凸显原著的评价意义,亮化原著的政治观点。

首先非隐喻性或隐喻性译文通过增加或减少原著隐喻的概念场景细节,将喻义的评价意义显化,从而强调原著对目标域的看法和立场。如"亦步亦趋"的译文"follow/ trail behind blindly"取消了原著构建的"慢走和快走"的细微描述,副词修饰成分"blindly"(盲目地)将原词负面的评价意义传达出来,强调了原著阐述的不赞成盲目跟随别国发展模式的独立自主的思想。其次,译者通过转换概念隐喻,如将原著中的"行程"隐喻译为"建筑"隐喻,添加评价意义。"行程"域的终点换做"建筑"域的建筑物映射事业发展,建筑物的稳固强化了对事业发展成就的正面评价。

(4) 消除原著的评价意义,模糊原著的语义。

为了提高译著读者的接受度,译者会有意模糊原著对目的国的具体政策的批判,消除原著对目的语国家某些政策的直接批判。如译者用常规隐喻表达"the footsteps of the big powers"来表征西方强国的"霸权思维"。增添的"行程"隐喻所在的否定句清晰地表明中国不会采纳同样的外交思想,然而没有像原著那样明确指出其奉行的强国霸权思维,只是表明了中国不同的外交立场,同时缓和了交际语气。

因此,隐喻的翻译在传达原著喻义的同时,还能够为原著政治思想阐述提供理据,丰富原著隐喻构建的概念场景,添加正面评价意义,从而加强论述的生动性和力度,提高读者的认同感。适当的隐喻翻译还可以削弱原著对目的语国家政策的负面评价,减弱批判语气，提高译文读者的接受度。

五、隐喻翻译的接受度

本研究中，我们主要借助权威的工具书和大型的目的语语料库考察隐喻翻译的接受度，显示译者所选择的译文，主要涉及译文中的隐喻、在目的语中出现的频率以及使用的语境。

采用等化翻译策略产生的目的语隐喻在字典中都具有隐喻含义，或者是目的语中的常规隐喻，其地位与对应的原著隐喻在原语的地位相当，在目的语中被广泛接受。

归化翻译策略产生的译文既包括英文非隐喻表达也涵盖英文隐喻表达。在接受度方面，我们主要关注了此策略产生的新增隐喻和隐喻变异情况。新增隐喻绝大多数也是常规隐喻，为译著读者所熟悉，易于接受。新增的新奇隐喻使用的源域概念基于中西文化共享的人生体验，如对生活中邻居的认知，同时上下文语境中将源域映射到目标事物的特征进行前景化，引导译著读者推导出凸显的喻义。而变异的隐喻包括译著读者所熟悉的习语，如"up and downs"、"twists and turns"、"lower the curtain"以及"kick off"。为了探究这些习语能否产生与原著类似的喻义，大型英语语料库 BNC、COCA 和 iWeb 提供的搜索词的索引行功能成为有效的工具。以上习语所在的索引行能显示它们使用的具体语境，判断它们是否经常被用来表征原有隐喻描述的目标概念，其原始使用的语义是否与语境含义形成语义张力，从而总结它们隐喻性表征原有目标域的频率，即在译著读者中的接受度。对于潜在的隐喻性名词、动词或形容词，语料库所带的搭配分析工具能有效地判定它们作为搜索项在类似语境中

第九章　结论

被用作隐喻表达的可能性。我们会通过考察搜索项的高强度搭配词所在语义场是否与原有隐喻中的目标域概念相同，来判定它是否用来隐喻性地表征原有目标域。符合这种条件的高强度搭配词所占比例越高说明它用作隐喻性表达的频率越高，它的隐喻文化性就越强，译著读者就越容易接受。

针对异化翻译策略产生的译文隐喻，接受度研究主要关注在宏观认知层面和微观语言层面都对应的隐喻，研究与原著对应的英语表达在目的语中是否具有相同的喻义，并且使用的语境是否类似。例如，语料库的索引行功能显示"速度不均"和"路线图"对应的译文"uneven pace"和"road map"分别在"经济"领域和"政治"领域表征发展速度和具体政策导向，具有与原著相同的喻义。

六、小结

研究结果表明，等化翻译策略在认知和语言两个层面上都具有对等性，从而证明了隐喻不受文化地域限制的普遍性。在异化和归化策略中，认知对等是通过激发共享的具身经验和共享的世界知识，或者通过附加信息丰富目标读者对源文化的认知而实现的。因此，翻译者似乎在忠实地传播源话语蕴含的政治哲学与顾及目标读者接受度之间取得了平衡。译者的选择还增强了政治话语的说服力和合法性，同时在某些情况下减轻了挑战性的语调，使人际意义趋向更加和谐。

第十章 研究启示

一、引言

　　本书的研究显示认知语言学理论为政治话语中隐喻翻译策略和方法的选择以及接受度的描述与阐释提供了必要的理论基础。隐喻翻译需要综合考虑语言、认知与交际等多方面的因素，它不仅需要译者通晓源语和目标语言，熟知源语文化和目标语文化，还需要了解政治话语产生的背景、传播的目的以及译文读者的认知水平。《习近平谈治国理政（第一卷）》是中国新时代具有代表性的政治话语，是对中国领导集体政治理念的高度凝练。书中使用了大量的隐喻表达，其中不乏富有中国文化底蕴的成语和习语。为了将书中的政治理念准确地传达给读者，译者采用了多种翻译策略对原著中的隐喻进行语言间的迁移。为了完整地传达原著中隐喻的含义，使读者对隐喻所表征的政治事物有准确的理解和把握，译者在不同的翻译策略中使用了多种翻译方法，努力在译文中触发与原著相同或类似的认知表征。大型目的语语料库帮助我们对采用译文的接受度进行了验证，表明采用的译文基本会在原著和译文之间实现认知上的对等。

　　研究对于从事政治话语翻译的实践者具有一定的借鉴意义，主要表现在培养隐喻认知能力、提高敏感度以及保持忠诚度等三个方

第十章 研究启示

面。另外,实证研究的结论对于隐喻翻译策略的选择也具有一定的启发。下面将逐个对它们进行阐释。

二、译者的隐喻认知能力

翻译实践涉及多种任务,这些任务对译者的认知系统提出特定的要求。能够帮助译者完成这些任务的是他们的翻译能力。翻译能力涵盖五个方面的能力:语言能力、语篇能力、主题能力、文化能力和迁移能力,而最后一种能力是将翻译人员与其他传播者(他们应该具有前四种能力)区分开的一种能力(Neubert 1994:412)。如果人们接受隐喻是跨域映射的认知过程,对于理解抽象概念和经验必不可少,那么这五种能力是不够的,有必要提出第六种能力,即概念化能力。这种能力不被语言能力或文化能力所涵盖。前者与语言方面的知识有关,而后者与文化经验的知识有关。概念化能力指人的认知背景,能够帮助他们适应并参与特定的概念系统。

对于译者而言,概念化能力尤其重要。他们是跨文化的交流者,这意味着他们需要熟悉至少两种概念体系,即源语和它的文化体系以及目的语和它的文化体系。如果我们将概念化能力局限于隐喻翻译实践,那么隐喻能力就成为概念化能力的一种特殊能力。隐喻能力与获得特定社会成员理解抽象经历的不同方式的知识有关。它既需要文化能力,又需要语言能力,但是与它们不同的是,它涉及隐喻的概念映射方面。

译者的隐喻能力主要表现在两个方面:一方面,译者理解源文本的语言表面背后的隐喻映射(可以在译文中有所体现);另一方面,译者了解源语和目的语隐喻系统之间的差异。因为出于某些不易觉察的原因，某些源语中的隐喻，目的语文化中的读者倾向于按字面意义来理解。了解隐喻的历史对于识别隐喻表达背后的隐喻映射起着关键作用，也就是说，某些隐喻表达如果不了解使用者的过去经验就无法理解它们的含义。原著的政治话语引用了大量源于中国古诗词、民间故事以及历史事件的隐喻，如果对产生隐喻的这些历史背景不熟悉，就无法正确理解语义，无法准确地传达原著的用意。而如果不了解原著与译著所处中西文化在使用隐喻方面的差异，即使能够正确地识别和理解原著隐喻及其语义，也无法帮助译著读者顺利地接收原著意义，达不到译著所传播原著思想的跨文化交际目的。

三、译者的敏感度

隐喻的认知理论对译者的要求不同于传统的隐喻理论提出的要求。传统的隐喻理论告诉译者隐喻只是一种语言表达，以某种方式为我们润色表达或替换另一种更基本的表达或想法。而本书的研究表明隐喻是谈论抽象概念以及将其概念化的基本工具，它并不代替更基本的字面意义，而是成为人类思维的组成部分。译者尤其是从事政治话语这类文本类型的翻译人员应该意识到隐喻的多维度和多层次的特性。

应该强调的是，译者不是被动地"重现"源文本的隐喻映射，而是具有一定的主动性和创造性（Delisle & Woodsworth 2012）。他们需要根据翻译实践的最重要目的以及对翻译的交际情况的评估选择正确的翻译策略和翻译方法。翻译隐喻需要综合考虑翻译的功能、翻译的交流方式以及预期的译文读者等因素。译者应该关注隐喻的

第十章　研究启示

多维度与多层次，不要只局限于语言表达。忽视隐喻的认知和交际层面会产生严重的后果。正如沃勒斯坦所言（Wallerstein 1991: 15）："如果个别读者误读，他将独自承担后果。如果译者误读，会导致无数读者误入歧途，所有这些人也将承担错误的后果。"

这还只是一般翻译实践的情况，对于政治话语的误读和误译后果会更加严重。译者，尤其是政治话语的译者，需要警惕隐喻的某种特定翻译方法可能会导致政治问题。例如，对德语概念"Jestkern"的一种特殊翻译导致德国与英国两国政府之间不必要的政治误解（Schäffner 1997）；同样，将阿拉伯语"aqzam"翻译为"pygmies"而不是"dwarfs"，引发了扎伊尔和伊拉克代表之间激烈的政治辩论。因此，译者应该意识到他们选择的翻译策略与方法有可能产生的反应与结果。特别是政治话语的译者需要明白翻译实践与外部世界尤其是政治领域不可分割，隐喻的一种翻译方式可能会引起不小的政治反响。因此，对于译者来说，了解翻译的敏感性，尤其是政治话语的敏感性，是非常有帮助的。

考虑到隐喻在政治思想和政治语言方面的基本作用以及它与文本及其生产者的政治战略目标的相互作用，译者必须了解译文所使用的政治环境。政治常识以及涉及翻译实践背景以及译文传播环境的专业知识，将在隐喻翻译实践中起到重要作用。如果缺乏这些知识，译者将无法正确理解特定社会和政治环境中生成的隐喻映射，从而可能会面临导致意外错误的风险。正如我们之前所说，这种意想不到的错误可能会导致跨文化交流的失败，达不到翻译实践的目的。在翻译实践中我们应该尽量避免由意外的无知带来的潜在风险。

四、译者的忠诚度

隐喻的认知理论使得忠诚度与翻译实践的相关性更加密切,正如诺德(Nord 1997:95)所言:

> 在正常的跨文化交流中,交流发起者和接收者都不能够保证译文会真正符合他们的期望。因此,译者有道德义务考虑翻译的传统概念以及读者对该概念的期望。人与人之间是沟通过程中的合作者,忠诚对于他们而言是不可或缺的道德原则,而传统的"忠实"概念("faithfulness"或"fidelity")则表明原文本和译文之间的一种技术性关系。

涉及隐喻,"忠诚"概念变得越来越重要。由于隐喻的认知理论指出隐喻不是装饰性的语言表达,而是构建抽象概念(例如政治概念)的基本机制,采用适当的翻译策略是对译者提出的最根本要求。译者必须忠诚,满足交际双方的期待。

我们分析了《习近平谈治国理政(第一卷)》的概念隐喻的翻译实例,可以看出译者对原著读者与译文读者均保持忠诚,既努力传达原著的政治理念与思想,又考虑译文读者的接受程度。

译者可以通过以下几点,提高忠诚度,避免因为选择不恰当的翻译策略和方法而引起不良反响。首先,译者需要对源文本有一个全面的了解,以便在翻译实践的上下文内生成可接受的翻译。就隐喻而言,尤其是政治话语中的隐喻,是源文本在概念和语用意义上不可缺少的组成部分。译员应该能识别源文本中的隐喻映射,评估基于翻译的功能属性选择的隐喻翻译方式,并理解其可能会产生的各种反响。

第十章 研究启示

其次，译者应该意识到不同类型的源域会产生不同类型的概念隐喻映射。隐喻映射中不同的源域类型要求不同的翻译策略与方式。例如，我们的分析表明，物理性的源域与社会性和互文性的源域功能不同，因此需要不同的处理方式。尽管自然领域包括某种跨文化的结构和功能特性（例如"行程"源域），但社会性隐喻和互文隐喻涉及特定文化的体验，是历史发展的结果，需要译者熟悉特定的历史事件、意识形态和根植于特定文化中的文本。

因此，政治话语中隐喻翻译的忠诚要求译者对原著作者与译著读者都要做到忠诚：既要通过隐喻的语言层面正确地识别认知层面的跨域映射，结合语境推导出隐喻的交际功能，以便准确地传达原著作者的意愿，又要衡量译著读者所处文化与源文化的差异以及读者群的接受程度，灵活地调整翻译策略和方法。

五、隐喻翻译策略的选择

研究证实翻译隐喻选择何种策略和方法具有很大的灵活性，隐喻种类和翻译策略之间并不存在固定的对应关系。同一类型的隐喻在不同语境下会采用不同的翻译策略，使原有概念隐喻出现被保留或被删除或发生变异的情况。选择何种翻译策略，主要看隐喻意象的显著性和目的语中是否存在对等的跨域投射。如果目的语具有与源语隐喻相同的跨域投射，不管隐喻的显著性如何，都不会产生翻译困难。缺乏隐喻显著性的常规隐喻以及意象凸显的新奇隐喻，只要它们蕴含的跨域概念映射反映了人类普遍的具身经验以及认知结构，这种映射就能在译文中保留，有时还会在语言层面与认知层面同时实现对等。

政治话语中的隐喻翻译策略和接受度研究

　　隐喻意象的显著性与隐喻的规约性程度成反比，隐喻的规约性程度越高，隐喻意象的显著性越低，被读者关注的可能性就越低。对于汉语里普遍存在的常规隐喻，包括词汇化的单词和短语，人们往往忽略它们所蕴含的隐喻，绝大多数人可能会同意它们可以自由翻译，而且不会给翻译造成任何问题。但是在政治话语中，隐喻表征抽象的政治理念，为政治行为提供隐性理据，具有一定的情感因素，有时被忽略会造成原文喻义的缺失，达不到完整传递原文喻义的实践目的，尤其是在"死隐喻复活"（Newmark，1988）以及源语隐喻蕴含源语文化丰富的历史、社会和政治背景的语境下，隐喻强度增强，语言更加生动，需要译者进行适当的处理，以便减少翻译带来的语义缺失。

　　新奇隐喻的隐喻显著性最强，但也构成了翻译中最大的绊脚石，因为新奇隐喻的理解通常是开放式的，它的映射基础常常缺少足够精确的定义，使读者无法准确地说出隐喻含义，并且新奇隐喻往往具有文化特性，受到社会、历史或环境因素的限制。有些新奇隐喻在语言层面让读者感到陌生，却是对现有概念隐喻的延伸阐述或具体实例化，属于"图示化"的新奇隐喻（Dickins 2005），只要目的语隐喻表达保留了与源语隐喻表达相同的概念隐喻，则翻译被认为是等效的。而"非图示化"新奇隐喻的创造性会对读者产生冲击，这种美学效果在译文中应该予以保留，然而如果语言和文化因素阻碍产生这种效果，那么隐喻就无法翻译。这种创造性隐喻的"不可译性"并不涉及"语法偏差"，而是出于认知限制（Tabakowska 1993：69），取决于不同语言和文化的认知和体验模型以及普遍认知和体验模型在不同语言和文化中的实现方式（Alexieva 1993：109）。

以往研究还涉及隐喻密度对隐喻翻译的影响。Newmark（1988：112）指出在给定的语域中，不同语言对隐喻密度以及不同隐喻混合的接受程度不同。有研究指出英语普遍倾向于接受比汉语更高的隐喻密度，至少在某些文本类型中如此（Dickins 2005：250）。但是我们的研究数据表明原著汉语隐喻在英文译文中被删除的比例高于译文增加的比例。因此，需要规模更大的语料证实政治话语中的隐喻翻译策略的选择是否与不同语言对隐喻密度的容忍度有关。

六、小结

由于隐喻认知层面的跨域映射在语言层面的体现，译者需要具备识别隐喻表达并推断出认知层面映射的能力，同时应该熟知翻译实践活动中不同语言背后的文化所产生的隐喻系统差异。而翻译政治话语中的隐喻只具备上述隐喻认知能力是远远不能满足要求的。由于政治话语在跨文化传播中的重要作用，其译文直接影响国家之间的相互了解和对外政策，译者必须具备高度的政治敏感度和政治忠诚度和责任心，做好充足的译前准备工作，了解话语产生的背景和传播意图，研究译文读者的情况与期待，深刻领悟源话语中隐喻的喻义和交际功能，根据隐喻的显著性与跨域投射条件，选择适宜的翻译策略和方法，使其在译文读者中达到认知对等，既准确地传播了政治理念，使世界了解中国，又提高了译文在目标文化中的接受程度。

以上启示对于翻译教学也有一定的借鉴意义。在翻译隐喻的习得过程中，应该首先让学生了解隐喻的认知本质，它和文化的密切关系，以及它在话语意义构建方面的功能和途径。教师还应该让学生熟练掌握他们可以选择的多种隐喻翻译策略和方法,并了解完成翻译实践需要考虑的其他因素,包括不同话语体裁的特征和交际功能,以及译文读者的特点。

参考书目

Ahrens, K., & Say, Alicia L.T. Mapping image-schemes and translating metaphors. Retrieved from https://www.aclweb.org/anthology/Y99-1010, 08.08.2019.

Alexieva, B. A cognitive approach to translation equivalence. In Palma Z. (ed.), *Translation as Social Action: Russian and Bulgarian Perspectives*. London/New York: Routledge, 1993. pp.101-109.

Al-Harahsheh, A. M. The translatability of figures of speech in Khalid Mashaal's political speeches: A critical discourse analysis. *International Journal of English Linguistics*, 2013, 3(3): 100-114. Retrieved from http://www.ccsenet.org/journal/index.php/ijel/article/viewFile/25351/16690,03.05.2015.

Al-Harrasi, A. Metaphor in (Arabic-into-English) translation with specific reference to metaphorical concepts and expressions in political discourse. Birmingham: Aston University, 2001.

Al-Zoubi, M.Q., Al-Ali, M.N., & Al-Hasnawi, A.R. Cogno-cultural issues in translating metaphors. *Perspectives*, 2007, 14(3): 230–239.

Arrojo, R. The revision of the traditional gap between theory and practice and the empowerment of translation in postmodern times. *The Translator*, 1998, 4: 25–48.

Baker, M. *In Other Words: A Coursebook on Translation*. London and New York: Routledge, 1992.

Bielsa, E., & Bassnett, S. *Translation in Global News*. London and New York: Routledge, 2009.

Blum-Kulka, S. Shifts of cohesion and coherence in translation. In: House, J., & Blum-Kulka, S. (eds.). *Interlingual and Intercultural Communication: Discourse and Cognition in Translation and Second Language Acquisition Studies*. Tübingen: Gunter Narr Verlag, 1986. pp.17–37.

Boers, F. Enhancing metaphor awareness in specialized reading. *English for Specific Purposes*, 2000, 19 (1): 137–147.

Boers, F. Remembering figurative idioms by hypothesizing about their origins. *Prospect*, 2001, 16 (3): 35–43.

Boers, F. Applied linguistics perspectives on cross-cultural variation in conceptual metaphor. *Metaphor and Symbol*, 2003, 18(4):231–238.

Boers, F., Demecheleer, M., & Eyckmans, J. Cross-cultural variation as a variable in comprehending and remembering figurative idioms. *European Journal of English Studies*, 2004, 8 (3): 375–388.

Cameron, L. Operationalising 'metaphor' for applied linguistic research. In: Cameron, L., & Low, G. (eds.). *Researching and Applying Metaphor*. Shanghai: Shanghai Foreign Language Education Press, 2001. pp. 3–28.

Catford, J.G. *A Linguistic Theory of Translation: An Essay in Applied Linguistics*. London: Oxford University, 1965.

Charteris-Black, J. Speaking with forked tongue: A comparative study of metaphor and metonymy in English and Malay phraseology. *Metaphor and Symbol*, 2003, 18(4): 289–310.

Charteris-Black, J. *Corpus Approaches to Critical Metaphor Analysis*. New York: Palgrave Macmillan, 2004.

Chesterman, A. From 'is' to 'ought': Laws, norms and strategies in translation studies. *Target*, 1993, 5(1): 1–21.

Chesterman, A. A causal model for translation studies. In: Olohan, M. (ed.). *Intercultural Faultlines*. Manchester: St. Jerome, 2000. pp.15–27.

Chilton, P. *Security Metaphors: Cold War Discourse from Containment to Common House*. New York: Peter Lang, 1996.

Chilton, P., & Ilyin, M. Metaphor in political discourse: The case of the 'common European house'. *Discourse & Society*, 1993, 4: 7–31.

Cristofoli, M., Dyrberg, G., & Stage, L. Metaphor, meaning and translation. *Journal of Linguistics*, 1998, 20: 165–179.

Dagut, M. Can 'metaphor' be translated?. *Babel*, 1976, 22: 21–33.

Deignan, A. Metaphorical expressions and culture: An indirect link. *Metaphor and Symbol*, 2003, 18 (4): 255–271.

Deignan, A. *Metaphor and Corpus Linguistics*. Amsterdam and Philadelphia: John Benjamins, 2005.

Deignan, A., Gabrýs, D., & Solska, A. Teaching English metaphors using cross-linguistic awareness-raising activities. *ELT Journal*, 1997, 51(4): 352–360.

Delisle, J., & Woodsworth, J. (eds.). *Translators through History*. Amsterdam: John Benjamins, 2012.

Dickins, J. Two models for metaphor translation. *Target*, 2005, 17 (2):

227–273.

Dobrzynska, T. Translating metaphor: Problems of meaning. *Journal of Pragmatics*, 1995, 24(6): 595–604.

Dodd-Drakopoulou, S. Metaphors and meaning: A grounded cultural model of US entrepreneurship. *Journal of Business Venturing*, 2002,17 (5): 519–535.

Dvorák, P. Translating metaphors within political discourse: The case of the EU . Brno: Masaryk University, 2011. Retrieved from http://is.muni.cz/th/178499/ff_m/DT_DVORAK_FINAL.pdf, 08.09.2013.

Fauconnier, G. *Mental Spaces: Aspects of Meaning Construction in Natural Language*. New York: Cambridge University Press, 1998.

Fauconnier, G. Methods and generalizations. In: Janssen, T., & Redeker, G. (eds.). *Cognitive Linguistics: Foundations, Scope and Methods*. Berlin and New York: Mouton de Gruyter, 1999. pp. 95–127.

Fauconnier, G. & Turner, M. Conceptual integration network. *Cognitive Science*, 1998, 2: 133–187.

Fauconnier, G. & Turner, M. *The Way We Think: Conceptual Blending and the Mind's Hidden Complexities*. New York: Basic Books, 2002.

Foley, W. A. *Anthropological Linguistics: An Introduction*. Oxford: Blackwell, 1997.

Fuertes-Olivera, P. A., & Pizarro-Sánchez, I. Translation and 'similarity-creating metaphors' in specialized languages. *Target*, 2002, 14(1): 43–73.

Gavins, J. Metaphor studies in retrospect and prospect: An interview with Gerard Steen. *Review of Cognitive Linguistics*, 2014, 12(2): 493–510.

Gentzler, E. *Contemporary Translation Theories*. London: Routledge, 1993.

Gibbs, R. W. *The Poetics of Mind: Figurative Thought, Language and Understanding*. New York: Cambridge University Press, 1994.

Gibbs, R. W. Taking metaphor out of our heads and putting it into the cultural world. In: Gibbs, R. W., & Steen, G.J. (eds.). *Metaphor in Cognitive Linguistics*. Amsterdam and Philadelphia: John Benjamins, 1999. pp. 145–166.

Gibbs, R.W. Embodied experience and linguistic meaning. *Brain and Language*, 2003, 84: 1–15.

Gibbs, R.W. *Embodiment and Cognitive Science*. New York: Cambridge University Press, 2006.

Gibbs, R.W., Bogdanovich, J.M., Sykes, J.R. & Barr, D.J. Metaphor in idiom comprehension. *Journal of Memory and Language*, 1997, 37(1): 141–154.

Gibbs, R.W., Lima, P.L.C., & Francozo, E. Metaphor is grounded in embodied experience. *Journal of Pragmatics*, 2004, 36(7): 1189–1210.

Goatly, A. *The Language of Metaphors*. London: Routledge, 1997.

Goatly, A. *Washing the Brain: Metaphor and Hidden Ideology*. Amsterdam: John Benjamins, 2007.

Grady, J. THEORIES ARE BUILDINGS revisited. *Cognitive linguistics*, 1997a, 8 (2): 267–290.

Grady, J. Foundations of Meaning: Primary Metaphors and Primary

Scenes. Berkeley: University of California, 1997b.

Grady, J. A typology of motivation for conceptual metaphor. In: Gibbs, R. W., & Steen, G. *Metaphor in Cognitive Linguistics*. Amsterdam: John Benjamins, 1999.

Haser, V. *Metaphor, Metonymy and Experientialist Philosophy: Challenging Cognitive Semantics*. Berlin: Mouton de Gruyter, 2005.

Hawkes, T. *Metaphor: the Critical Idiom*. London: Methuen, 1972.

Hatim, B., & Mason, I. *Discourse and the Translator*. London: Longman, 1990.

Hermans, T. Translation and normativity. *Current Issues in Language and Society*, 1998, 5: 50–71.

Hernández-Guerra. Textual, intertextual and rhetorical features in political discourse: the case of President Obama in Europe. *Revista de Lingüística y Lenguas Aplicadas*, 2013, 8: 59–65. Retrieved from http://dx.doi.org/10.4995/rlyla.2013.1175, 03.05.2015.

Holmes, J. The name and nature of translation studies. In: Van den Broeck, R. (ed.). *Translated! Papers on Literary Translation and Translation Studies*. Amsterdam: Rodopi. 1988. pp. 67–80.

House, J. *A Model for Translation Quality Assessment*. Tübingen: Gunter Narr Verlag, 1977.

House, J. *Translation Quality Assessment: A Model Revisited*. Tübingen: Gunter Narr Verlag, 1997.

Jakobson, R. On Linguistic Aspects of Translation Cambridge: Harvard University Press, 1959.

Johansson, S. On the role of corpora in cross-linguistic research.

In: Johansson, S., & Oksefjell, S. (eds.). *Corpora and Cross-linguistic Research: Theory, Method and Case Studies*. Amsterdam and Atlanta: Rodopi, 1998. pp.3–24.

Johansson, M. Contructing objects of discourse in the broadcast political interview. *Journal of Pragmatics*, 2006, 38(2): 216-229.

Kail, P.J.E. Projection and necessity in Hume. *European Journal of Philosophy*, 2001, 9(1): 24–54.

Kara, S., & Kaplani. J. Translation of political discourse. University Do Porto, 2007. Retrieved from http://www.slidefinder.net/t/translation_political_discourse_faculdade_letras/its_07_presentationevita-stella/10661957 , 08.09.2011.

Katan, D. *Translating Cultures: An Introduction for Translators, Interpreters and Mediators*. Brooklands: St. Jerome Publishing, 1999.

Kittay, E. F. *Metaphor: Its Cognitive Force and Linguistic Structure*. Oxford: Clarendon Press, 1987.

Koskinen, K. Institutional illusions: Translating in the EU commission. *The Translator*, 2000, 6(1): 49–65.

Kövecses, Z. *Metaphors of Anger, Pride, and Love: A Lexical Approach to the Structure of Concepts*. Amsterdam: John Benjamins, 1986.

Kövecses, Z. Happiness: A definitional effort. *Metaphor and Symbolic Activity*, 1991, 6 (1): 29–46.

Kövecses, Z. American friendship and the scope of metaphor. *Cognitive linguistics*, 1995a, 6 (2): 315–346.

Kövecses, Z. Anger: Its language, conceptualization, and physiology in the light of cross-cultural evidence. In: Taylor, J. R., & Maclaury, R. (eds.). *Language and the Cognitive Construal of the World*. Berlin: Mouton de Gruyter, 1995b. pp. 181–196.

Kövecses, Z. *Metaphor and Emotion: Language, Culture and Body in Human Emotion*. Cambridge: Cambridge University Press, 2000.

Kövecses, Z. *Metaphor: A Practical Introduction*. New York: Oxford University Press, 2002.

Kövecses, Z. Language, figurative thought, and cross-cultural comparison, *Metaphor and Symbol*, 2003a, 18(4): 311–320.

Kövecses, Z. *Metaphor and Emotion: Language, Culture and Body in Human Feeling*. Paris and Cambridge: Maison des Sciences de l'Homme and Cambridge University Press, 2003b.

Kövecses, Z. Introduction: cultural variation in metaphor. *European Journal of English Studies*, 2004, 8 (3): 263–274.

Kövecses, Z. *Metaphor in Culture: Universality and Variation*. New York: Cambridge University Press, 2005.

Kövecses, Z. *Language, Mind and Culture*. Oxford: Oxford University Press, 2006.

Kövecses, Z. *Metaphor in Culture: Universality and Variation*. Cambridge: Cambridge University Press, 2007.

Kövecses, Z. *Metaphor: A Practical Introduction*. (Second Edition). Oxford: University Press, 2010.

Kövecses, Z. & Szabo, P. Idioms: A view from cognitive linguistics. *Applied Linguistics*, 1996, 17 (3): 326–355.

Kwiecinski, P. *Disturbing Strangeness: Foreignization and*

Domestication in Translation Procedures in the Context of Cultural Asymmetry. Torun: Wydawnictwo Edytor，2001.

Lakoff, G. *Women, Fire and Dangerous Things: What Categories Reveal about the Mind*. Chicago: University of Chicago Press, 1987.

Lakoff, G. Metaphor and war: The metaphor system used to justify war in the gulf. *Peace Research*, 1991, 23(2):25–32.

Lakoff, G. The contemporary theory of metaphor. In: Ortony A. (ed.) *Metaphor and Thought*. Cambridge: Cambridge University Press, 1993. pp. 302–351.

Lakoff, G. *Moral Politics: What Conservatives Know That Liberals Don't*. Chicago: The University of Chicago Press, 1996.

Lakoff, G., & Johnson, M. *Metaphors We Live by*. Chicago: The University of Chicago Press, 1980.

Lakoff, G. & Johnson, M. *Philosophy in the Flesh: The Embodied Mind and Its Challenge to Western Thought*. New York: Basic Books, 1999.

Lakoff, G. & Kövecses, Z. The cognitive model of anger inherent in American Eglish. In: Dorothy, H., & Quinn, N. (eds.). *Culture Models in Language and Thought*. Cambridge: Cambridge University Press, 1987. pp.195–221.

Lakoff, G., & Turner, M. *More Than Cool Reason: A Field Guide to Poetic Metaphor*. Chicago: University of Chicago Press, 1989.

Lazar, G. Using figurative language to expand students' vocabulary. *ELT Journal*, 1996, 50 (1): 43–51.

Lewandowska-Tomaszczyk, B. Re-conceptualization and

the emergence of discourse meaning as a theory of translation. In: Lewandowska-Tomaszczyk, B., & Thelen, M.(eds.). *Meaning in Translation*. Frankfurt am Main: Peter Lang, 2010. pp. 105–147.

Maalej, Z. Figurative language in anger expressions in Tunisian Arabic: An extended view of embodiment. *Metaphor and Symbol*, 2004, 19 (1): 51–75.

Maalej, Z. Doing critical discourse analysis with the contemporary theory of metaphor: Towards a discourse model of metaphor. In: Hart, C., & Lukes, D. (eds.).*Cognitive Linguistics in Critical Discourse Analysis*. Newcastle: Cambridge Scholars Publishing, 2007. pp.132–158.

MacArthur, F. The competent horseman in a horseless world: Observations on a conventional metaphor in Spanish and English. *Metaphor and Symbol*, 2005, 20 (1): 71–94.

Mandelblit, N. The Cognitive view of metaphor and its implication for translation theory. In: Thelen M., & Lewandowska-Tomaszczyk, B. (eds.). *Translation and Meaning* (Part 3). Maastricht: Maastricht University Press, 1995. pp. 482–495.

Moore, F. C. T. On taking metaphor literally. In: Miall, D. (ed.). *Metaphor: Problems and Perspectives*. Brighton: The Harvester Press, 1982. pp. 1–13.

Munday, J. *Introducing Translation Studies: Theories and Applications*（fourth edition）. New York: Routledge, 2016.

Musolff, A. *Metaphor and Political Discourse: Analogical Reasoning in Debates about Europe*. Basingstoke: Palgrave Macmillan, 2004.

Neubert, A. (1994) Competence in translation: A complex skill, how to study and how to teach it.In: M. Snell-Homby, F. P. Ochhaker and K. Kaindl (eds.). *Translation Studies- An Interdiscipline*. Amsterdam and Philadelphia: John Benjamins, 1994.pp.411–420.

Newmark, P. *Approaches to Translation*. Oxford and New York: Pergamon Press, 1981.

Newmark, P. *A Textbook of Translation*. New York: Prentice-Hall International, 1988.

Newmark, P. *About Translation*. Clevedon: Multilingual Matters, 1991.

Nida, E.A. *Toward a Science of Translating*. Leiden: Brill, 1964.

Nida, E A. & Tabernacle, C. R. *The Theory and Practice of Translation*. Leiden:Brill, 1969.

Ng, S. H., & Bradac, J.J. *Power in Language: Verbal Communication and Social Influence*. London: Sage Publications, 1993.

Nord, C. *Translating as a Purposeful Activity*. Manchester: St. Jerome Publishing, 1997.

Olson, D.R. Or what's a metaphor for? *Metaphor and Symbolic Activity*, 1988, 3(4): 215–222.

Ornatowski, C.M. The idea of politics in 'political' rhetoric. *Forum Artis Rhetoricae*, 2012, 2: 7–21. Retrieved from http://www.far/far2_2012_art1.pdf , 03.05.2015.

Ortony, A. Metaphor, language, and thought. In: Ortony, A. (ed.). *Metaphor and Thought*. (Second Edition). Cambridge: Cambridge University Press, 1996. pp. 1–16.

Petrescu, C. Ideology and translation. *Professional Communication and Translation Studies*, 2009, 2(1-2): 93–96.

Reeves, Nigel, B. R. Translating and interpreting as cultural intermediation—some theoretical issues reconsidered. In: Seymour, R.K. & Liu, C.C. (eds.). *Translating and Interpreting: Bridging East and West* (Vol.8). Hawaii: College of Linguistics, language and Literature of University and the East-West Center, 1994. p. 36.

Pragglejaz Group. 2007. "MIP: A Method for Identifying Metaphorically Used Words in Discourse". Metaphor and Symbol, 22(1): 1–39.

Rosch, E., & Mervis, C.B. Family resemblances. *Cognitive Psychology*, 1975, 7:573–605.

Sanday, P. R. Trapped in a metaphor. *Criminal Justice Ethics*, 1994, 13 (2): 32-38.

Schäffner, C. Strategies of translating political texts. In: Trosborg, A.(ed.). *Text Typology and Translation*. Amsterdam and Philadelphia: John Benjamins, 1997. pp.119–143.

Schäffner, C. The Balance Metaphor in Relation to Peace. In: Schäffner, C., & Wenden, A.(eds.). *Language and Peace*. Amsterdam: Harwood Academic Publishers, 1999. pp.75–91.

Schäffner, C. Metaphor and translation: some implications of a cognitive approach. *Journal of Pragmatics*, 2004, 36(7): 1253–1269.

Schäffner, C. Bringing a German voice to English-speaking readers: Spiegel International. *Language and Intercultural Communication*, 2005, 5(2): 154–167.

Schäffner, C. Finding space under the umbrella: The Euro crisis, metaphors, and translation. *The Journal of Specialised Translation*, 2012, 17: 250–270.

Schäffner, C., & Bassnett, S.(eds.). *Political Discourse, Media and Translation*. Newcastle upon Tyne: Cambridge Scholars Publishing, 2010.

Schäffner,C., & Shuttleworth,M. Metaphor in translation: Possibilities for process research.Target,2013,25(1):93–106.

Schmidt, G. A cognitive-linguistic approach to the translation of metaphor from English into Croatian. Osijek: Filozofski fakultet, 2012. Available at: http://bib.irb.hr/datote?ka/580531.Goran_Schmidt_ disertacija-edited-1_4.pdf.

Schmidt, G. Metaphor translation in subtitling. Akbarov, A.(ed.). Applying *Intercultural Linguistic Competence to Foreign Language Teaching and Learning*. Sarajevo: International Burch University, 2014. pp.934–944.

Schmidt, G. Applying Conceptual Metaphor Theory in Cross-linguistic and Translation Research. U: Belaj, B. ur. Dimenzije značenja. Zagreb: Filozofski fakultet sveučilišta u Zagrebu. 2015. str. 243–265.

Schmidt, G., & Brdar, M. Variation in the linguistic expression of the conceptual metaphor life is a (gambling) game in English and Croatian and its possible cultural implications. In: Brdar, M., Raffaelli, I., & Zic-Fuchs, F.(eds.). *Cognitive Linguistics between Universality and Variation*. Newcastle upon Tyne: Cambridge Scholars Publishing, 2012. pp.271–292.

Schmidt, G., & Omazić, M. Time metaphors in English and

Croatian: A corpus-based study. In: Brdar, M. et al. (eds.). *Space and Time in Language*. Frankfurt am Main: Peter Lang, 2011. pp.237–246.

Semino, E. *Metaphor in Discourse*. Cambridge: Cambridge University Press, 2008.

Sickinger, P. Aiming for cognitive equivalence–mental models as a tertium comparationis for translation and empirical semantics [J]. *Research in Language*, 2017, 15(2): 213–236.

Simms, K. (ed.). *Translating Sensitive texts: Linguistic Aspects*. Amsterdam: Rodopi, 1997.

Snell-Hornby, M. *Translation Studies: An Integrated Approach*. Amsterdam: John Benjamins, 1995.

Stecconi, U. Multilingualism in the EU: A developing policy field. In: Schäffner, C., & Bassnett, S. (eds.). *Political Discourse, Media and Translation*. Newcastle upon Tyne: Cambridge Scholars Publishing, 2010. pp.145–163.

Steen, G. The paradox of metaphor: Why we need a three-dimensional model of metaphor. *Metaphor and Symbol*, 2008, 23(4): 213–241.

Steen, G. When is metaphor deliberate? In: Johannesson, N., Akm-Arvius, C., & Minugh, D. (eds.). *Selected Papers from the Stockholm 2008 Metaphor Festival*. Stockholm: Acta Universitatis Stockholmiensis, 2010. pp.43–63.

Steen, G. Deliberate metaphor affords conscious metaphorical cognition. *Journal of Cognitive Semantics*, Bologna: Centro di Studi Linguistico-Culturali (CeSLiC), 2013, 5(1/2): 179–197.

Steen, G. Translating metaphor: What's the problem? In: Donna, R. Miller & Enrico, M. (eds.) *Translating Figurative Language*. 2014. pp.43–63.

Steen, G. Developing, testing and interpreting deliberate metaphor theory. *Journal of Pragmatics*, 2015, 90: 67–72.

Steen, G. J., Dorst, A.G., Herrmann, J.B., Kaal, A.A., Krennmayr, T. & Pasma, T. 2010. *A Method for Linguistic Metaphor Identification: From MIP to MIPVU*. Amsterdam: John Benjamins.

Tabakowska, E. *Cognitive Linguistics and Poetics of Translation*. Tübingen: Gunter Narr Verlag, 1993.

Tátrai, Sz. A kontextus fogalmáról. *Magyar Nyelvőr*. 128. évf. 4. szám. 2004. 479–494.

Taylor, J.R. *Linguistic Categorization: Prototypes in Linguistics Theory* (2nd ed.). Oxford: Oxford University Press, 1995.

Taylor, J. *Cognitive Grammar*. Oxford: Oxford University Press, 2003.

Taylor, J., & Mbense, T. Red dogs and rotten mealies: How Zulus talk about anger. In: Athanasiadou, A. & Tabakowska, E. (eds.). *Speaking of Emotions: Conceptualization and Expression*. Berlin: Mouton de Gruyter, 1998. pp.191–226.

Toury, G. *Descriptive Translation Studies and Beyond*. Amsterdam: John Benjamins, 1995.

Trosborg, A. Text typology: Register, genre, and text type. In: Trosborg, A.(ed.). *Text Typology and Translation*. Amsterdam: John Benjamins, 1997. pp. 3–25.

Turner, M. *Death Is the Mother of Beauty: Mind, Metaphor, Criticism*. Chicago: The University of Chicago Press, 1987.

Van Den Broeck, R. The limits of translatability exemplified by metaphor translation. *Poetics Today*, 1981, 2(4): 73–78.

Van Dijk, T. A. Discourse studies and hermeneutics. *Discourse Studies*, 2001, 13(5): 609-621.

Van Dijk, T. A. Political discourse and political cognition. In P. Chilton & C. Schäffner (Eds.), *Politics as Text and Talk: Analytic Approaches to Political Discourse*. Amsterdam: John Benjamins, 2002. pp. 203–237.

Venuti, L. 1995. *The Translator's Invisibility*. London: Routledge.

Venuti, L. 2008. *The Translator's Invisibility*. (Second Edition). London: Routledge.

Vinay, J. P., & Darbelnet, J. *Comparative Stylistics of French and English: A methodology for translation*. Amsterdam and Philadephia: John Benjamins, 1995.

Wallerstein, 1. Scholarly concepts: Translation or Interpretation? Paper delivered at the conference 'Humanistic Dilemmas: Translation in the Humanities and Social Sciences', Bringhamton, 26–28 September, 1991.

Yang, G. Love and its conceptual metaphors in Mandarin: Aspectual classification. Unpublished manuscript. Berkeley: University of California, 2002.

Yu, N. Metaphorical expression of Anger and Happiness in English and Chinese. *Metaphor and Symbolic Activity*, 1995, 10(2):59–92.

Yu, N. T*he Contemporary Theory of Metaphor: A Perspective from*

Chinese. Amsterdam and Philadelphia: John Benjamins, 1998.

曹灵美，王宏：《习近平话语中的中国特色隐喻及英译研究—体验哲学视角》，《语言与翻译》，2017年第3期，第65–70页。

陈风华，董成见：《多模态翻译的符际特征研究——以〈习近平谈治国理政〉为中心》，《学术探索》，2017年第10期，第90–95页。

陈家旭：《英汉语基本颜色的隐喻认知对比》，《西南民族大学学报》，2003年第12期，第283–286页。

陈家旭：《英汉隐喻认知对比研究》，上海：上海学林出版社2007年版。

陈家旭：《英汉语"喜悦"情感隐喻认知对比分析》，《外语与外语教学》，2007年第7期，第36–37页。

窦卫霖，温建平：《习近平国际演讲亲民话语特征及其英译特色研究》，《外语教学理论与实践》，2015年第4期，第15–20页。

郭建中：《翻译中的文化因素：异化与归化》，《外国语》，1998年第2期，第12–18页。

侯奕君：《基于态度的政治隐喻翻译模型研究——以〈习近平谈治国理政〉英译本为例》，《外国语文》2021年第4期，第122–130页。

胡壮麟：《隐喻翻译的方法与理论》，《当代修辞学》，2019年第4期，第1–9页。

黄华：《试比较概念隐喻理论和概念整合理论》，《四川外语学院学报》，2002年第1期，第93–96页。

黄有义：《坚持"外宣三贴近"原则，处理好外宣翻译中的难点问题》，《中国翻译》，2004年第5期，第27–28页。

霍娜：《浅谈对外话语体系建设中的中央文献翻译》，《中央文献翻译通讯》。

江蓝生，谭景春，程荣：《现代汉语词典（第6版）》，北京：商务印书馆2014年版。

李君如：《时代大潮和习近平治国理政思想》，《时代大潮和习近平治国理政思想》，2015年第10期，第4-9页。

李笙，冯奇：《"风"和"wind"隐喻映射的文化透视对比》，《南昌大学学报》，2006年第4期，第157-160页。

林书武：《"愤怒"的概念隐喻》，《外语与外语教学》，1998年第2期，第8-13页。

刘法公：《弥补文化喻体意象亏损译法探讨》，《中国翻译》，2009年第6期，第52-57页。

吕俊：《翻译学——传播学的一个特殊领域》，《外国语》，1997年第108 (2)期，第39-44页。

穆雷：《接受理论与习语翻译》，《外语研究》，1991年第23（1）期，第61-65页。

潘卫民，张娇：《政治语篇中戏剧隐喻的英译研究——以〈毛泽东选集〉为例》，《天津外国语大学学报》，2018年第4期，第2-9页。

邱能生，邱晓琴：《文化差异背景下英汉习语翻译的异化和归化处理探微》，《上海翻译》，2019年第1期，第51-57页。

任东升，季秀妹：《基于"政治等效"的外交话语隐喻英译策略——以2019年外交部例行记者会发言为例》，《当代外语研究》2021年第3期，第84-95页。

束定芳：《隐喻研究中的若干问题与研究方向》，《语言的认知研究——认知语言学论文精选》，上海：上海外语教育出版社2004版，第428-441页。

孙毅，陈朗：《蓄意翻译理论的进化之路》，《现代外语》，2017年第40（5）期，第715-723页。

孙毅，周恬恬：《国家翻译实践论视域下的隐喻英译管窥》，《当代外语研究》2024年第1期，第125-135页。

唐韧：《基于认知翻译假设的隐喻翻译探析》，《合肥工业大学学报（社会科学版）》，2008年第22(3)期，第142-146页。

滕延江,张晓梅：《关联理论对隐喻翻译的动态阐释》，《东岳论丛》，2006年第27(5)期，第185-187页。

汪少华，张薇：《论中国政治话语体系的认知建构——以习近平2017年瑞士两场演讲为例》，《南京师大学报（社会科学版）》，2017年第5期，第146-153页。

王玲：《功能翻译理论视角下英汉口译中隐喻的处理——以2013年奥巴马就职演讲为例》，《江西师范大学学报（哲学社会科学版）》，2018年第51(1)期，第139-144页。

王天翼,王寅：《翻译隐喻观的认知分析——以"变异"和"损耗"两条支隐喻机制为例》，《外语研究》，2018年第3期，第82-86页。

文秋芳：《拟人隐喻"人类命运共同体"的概念、人际和语篇功能—评析习近平第70届联合国大会一般性辩论中的演讲》，《外语学刊》，2017年第3期，第1-6页。

文军，高晓鹰：《归化异化，各具一格——从功能翻译理论角度评价〈飘〉的两种译本》，《中国翻译》，2003年第24（5）期，第40-43页。

文旭，罗洛：《隐喻 语境 文化——兼论情感隐喻"人比黄花瘦"》，《外语与外语教学》，2004年第1期，第11-14页。

文旭，吴淑琼：《英汉"脸、面"词汇的隐喻认知特点》，《西南大学学报》，2007年第6期，第140-144页。

文旭，肖开容：《认知翻译学》，北京：北京大学出版社2019年版。

肖坤学：《"打铁还需自身硬"的英译研究——语言认知研究视角》，《外国语文》，2013年第29(5)期，第107-112页。

许伟利，周可容：《从"水"的隐喻看中西文化的差异》，《云南民族大学学报》，2006年第4期，第77-81页。

杨春生：《英汉语中与"吃"有关的隐喻比较》，《外语与外语教学》，2004年第12期，第46-48页。

杨明星，赵玉倩《"政治等效+"框架下中国特色外交隐喻翻译策略研究》，《中国翻译》，2020年第1期，第151-159页。

杨倩，刘法公：《外交话语中隐喻情感对应传递一致的英译研究》，《中国外语》，2023年第1期，第90-95页。

袁洪庚：《论隐喻的翻译——兼评刘重德、Newmark的相关见解》，《兰州大学学报（社会科学版）》，2005年第33(5)期，第54-60页。

叶子南：《认知隐喻与翻译实用教程》，北京：北京大学出版社2013年版。

赵玉倩，杨明星：《外交隐喻的特殊属性与修辞原理》，《当代修辞学》，2022年第3期，第54-66页。